大学4年間の経営学が10時間でざっと学べる

東京大学
経済学部教授 高橋伸夫

はじめに

東京大学経済学部は本郷キャンパスにありますが、学生は最初の2年間を駒場キャンパスで学びます。そして学部2年生の後半からは経済学部に進学しますが、半年間は駒場キャンパスにいながら、経済学部の講義を聴くことになります。その最初に駒場で聴く経済学部の講義の一つである「経営」を、私はもう20年以上も教えてきました。

だから本書はその集大成です……というわけではありません。もちろん「経営」の講義の内容も含んではいますが、なにしろ、この本は「大学4年間の経営学が10時間でざっと学べる」という趣旨の本です。私自身が「経営」以外にも本郷の経済学部経営学科や大学院経済学研究科マネジメント専攻で担当してきた授業の内容も、他の先生方とジョイントでやってきたセミナーや研究会の内容も含め、私が東京大学経済学部で目にしてきたもの耳にしてきたものを総動員して、とにかく幅広く、かつできるだけ最新のトピックスに至るまで、限られた字数の中で網羅してみました。

字数の関係で拾えなかったテーマももちろんあります。しかし、大切と思われるトピックスをこれだけ幅広く集めて、とことん圧縮して書いたものを読んでいただければ、経営学が金儲けの術などではなく、この企業社会の中で良き市民として生きていくためのヒントに満ち溢れたものであることがお分かりいただけると思います。その意味では、この本に書いてあることは当たり前のことです。しかし、この企業社会では、勝手な思い込みや間違った知識に基づいて、深く考えもせずに安易に判断し行動してしまったがために、ビジネスとして成功しないばかりか、他の人を深く傷つけ不幸にして

しまうことが多々あるのです。

　経営学で知っておいてほしいことを20項目に整理し、各項目は30分以内で読めるようにしました。10時間以内で大学の経営学をざっと学んで、幸せな企業社会を築く第一歩にしましょう。

東京大学経済学部教授
高橋伸夫

大学4年間の経営学が10時間でざっと学べる　目次

はじめに——2

第1部
経営組織論

01 経営管理論の始まり

▶ 01 官僚制
大きな組織を効率的に動かすためには？—16
「当たり前のこと」を当たり前に行う組織

▶ 02 科学的管理法
頑張れば頑張っただけ稼げる仕組み？——18
工場でのカイゼンに使われている

▶ 03 管理過程論
組織の管理原則と管理サイクル——20
「経営管理論の始祖」が生み出した理論

▶ 04 企業文化
終身雇用、年功賃金、
企業別労働組合が支えた高度成長——22
1980年代に世界から注目を集めた日本の企業文化

《コラム》旧約聖書に出てくる階層組織——24

02 意思決定

▶ 01 限定された合理性
人が理性的に選べる範囲には限界がある——26
1人では限界があるから「組織」が必要になる

▶ 02 組織均衡
人が辞める理由——28
「労働」と釣り合いがとれているか

▶ 03 組織学習
人が入れ替わっても持続する組織記憶──30
人ではなく「組織」が学習し、記憶する

▶ 04 ゴミ箱モデル
やり過ごしの理由──32
優先順位の低い問題はやり過ごしてよい？
《コラム》できる社員はやり過ごす──34

03 組織デザイン

▶ 01 職能別組織
専門化することで熟練する ──36
中堅企業で威力を発揮する職能別組織

▶ 02 持株会社
子会社の経営権を持つためだけの会社 ──38
1997年に日本でも再び解禁となった

▶ 03 事業部制
会社の中に「利益を計算できる組織」を複数作る ──40
今の日本は時代に逆行している!?

▶ 04 マトリックス組織
職能制の縦割り組織にプロジェクトで横串を刺す ──42
日本企業には昔からなじみの深い組織
《コラム》ツーボス・モデル ──44

04 マクロ組織論

▶ 01 コンティンジェンシー理論
環境に合わせて組織は変わる？──46
しっかりとした検証がされないままにブームは終焉

▶ 02 資源依存理論
資源を依存しているとパワーを握られる──48
フェッファーとサランシックの共同研究

▶ 03 取引コスト理論
「内製」と「外注」をコストで比較する──50
実用的かどうかは謎な理論

▶ 04 個体群生態学

環境に合わない組織は淘汰される──52
行動パターンが確立されている企業が生き残る

《コラム》会社の寿命──54

05 モチベーション

▶ 01 人間関係論

仲のいい集団ならば生産性も上がる？──56
実はカラクリがあったホーソン実験

▶ 02 期待理論

見返りが大きいほどやる気は出る？──58
効果的な「見返り」は人それぞれ

▶ 03 内発的動機づけ

「達成感」が基本──60
「お金」はインパクトが強すぎる

▶ 04 人間資源アプローチ

人間はもともと「怠け者」なのか？──62
人間の本質に挑む実験の数々

《コラム》ユダヤ人の洋服仕立屋──64

06 リーダー

▶ 01 リーダーシップ論

どんなリーダーが組織をうまく動かせるのか？──66
専制的なリーダーでも、短期でいいなら業績は上がる

▶ 02 リーダーシップは条件即応

「どんな状況でも優れたリーダー」は存在しない──68
リーダーシップは状況次第

▶ 03 管理者行動論

リーダーはどんな仕事をしているのか？──70
リーダーはコミュニケーションに時間を割く

▶ 04 集団浅慮

赤信号、みんなで渡れば怖くない──72
慎重になり過ぎることもあるが……

《コラム》連結ピン・モデル──74

第2部
経営戦略論

07 経営戦略

▶ **01 創発的戦略**
仕事を進めながら現場でひらめいた戦略──78
当初の計画ガチガチではない戦略も大事

▶ **02 多角化**
いろいろな事業に進出する戦略──80
戦略の中でも一番ポピュラー

▶ **03 シナジー効果**
多角化によって生まれる一石二鳥の効果──82
多角化のメリット

▶ **04 ドミナント・ロジック**
多角化するなら本業に近い分野で──84
成功したロジックを共有しやすい利点がある
《コラム》ホンダのオートバイの対米進出──86

08 全社戦略

▶ **01 PPM**
「市場成長率」×「市場シェア」で事業を取捨選択──88
選択と集中のためのマトリックス

▶ **02 ドメイン**
事業領域は自ら定める──90
自社の「立ち位置」を狭く考えがち

▶ **03 コア・コンピタンス**
他社にはまねできない自社だけの能力──92
「硬直化」と背中合わせの発想

▶ **04 戦略的提携**
「内部展開」と「合併買収」のいいとこどり?──94
ライバル会社同士の意外な提携も
《コラム》アサヒビール物語──96

09 競争戦略

▶ 01 基本3戦略
競争を勝ち抜く基本的な考え方──98
「コスト・リーダーシップ」「差別化」「集中」

▶ 02 スタック・イン・ザ・ミドル
コスト・リーダーシップと差別化は両立しない？──100
現在は二兎を追って二兎とも得られてしまう……

▶ 03 模倣戦略
「まね」も立派な戦略だ──102
模倣を防ぐ法的手段も整備されている

▶ 04 知財戦略
特許から生じる利益を「広く浅く」得る──104
ありとあらゆる手段で利益を上げる

《コラム》大学の知財戦略──106

10 事業戦略

▶ 01 ファイブ・フォース・モデル
独占的利益を脅かす5つの力──108
敵対関係を5つの力で表現

▶ 02 資源ベース理論
自社内部にあった競争優位の源泉──110
異質性と隔離メカニズム

▶ 03 強み・弱みの分析
競争優位を見極めるための自社分析──112
企業を「活動の塊」と見るか、「資源の塊」と見るか

▶ 04 製品ライフ・サイクル
製品の一生を3つのステージで表す──114
すべての製品が成熟し、衰退する？

《コラム》青色LED訴訟──116

11 アウトソーシング

▶ 01 系列取引
長期の安定的な取引を前提とした協力関係──118
自動車産業で多く見られる

▶ 02 製品アーキテクチャ
製品の「機能」をどう組み立てるか？──120
モジュラー型かインテグラル型か

▶ 03 モジュール化
ある程度汎用的な部品の塊を作る──122
技術革新のきっかけになることも多い

▶ 04 EMS
**複数メーカーから
「同じような製品」の製造を受託する**──124
さまざまなリスクを抑えられる
《コラム》超企業組織──126

12 マーケティング

▶ 01 STP
細分化して絞り込んで位置付ける──128
マーケティングは3段階で考える

▶ 02 マーケティング・ミックス
市場をどのように攻略するか──130
4つのツールを組み合わせる

▶ 03 流通チャネル
どうやって顧客に届けるか──132
商品特性も流通チャネル次第

▶ 04 マーチャンダイジング
商品と売場を「編集」する──134
品揃えと売場を市場に合わせて変える
《コラム》大量生産と低価格──136

13 カスタマー

▶ 01 CRM
企業と顧客との密接な関係を築く── 138
1人ひとりの顧客をしっかり管理

▶ 02 パレートの法則
2割の優良顧客が、8割の売上を生み出す──140
優良顧客はひいきするべき？

▶ 03 フリークエンシー・プログラム
どうやってリピーターを増やすか──142
航空会社のマイレージが代表的

▶ 04 ブランド
無形の「魅力」をどう育てるか──144
「利益」とともに経営の重要な要素を担う
《コラム》顧客第一主義の罠──146

14 国際経営

▶ 01 海外直接投資
なぜ海外に工場をつくるのか？──148
国境を越えた企業グループができた

▶ 02 プロダクト・サイクル仮説
製品開発段階に応じた多国籍化──150
1970年前後のアメリカでのみ通用した仮説

▶ 03 グローバル経営
活動ごとのグローバル分散・集中──152
価値連鎖の活動ごとに配置を決められる

▶ 04 海外派遣者
本国からの派遣は減らすべきか──154
カルチャーショックと帰国ショック
《コラム》マネジメント・チーム──156

第 3 部
技術経営論

15 生産管理

▶ 01 見込生産と受注生産
**「代わりが簡単に見つかるか否か」で
生産方法を変える**──160
生産量と販売量の見極めがカギとなる

▶ 02 ジャスト・イン・タイム（JIT）
作業の無駄を顕在化させる手段──162
生産システム全体の流れをよくする

▶ 03 損益分岐点
どれだけ売れればトントンになる？──164
製品を作っても、売れなければ大損害

▶ 04 カイゼン（改善）
今や世界的に浸透した経営用語──166
標準の「維持」と「現状打破」
《コラム》固定費と変動費──168

16 品質経営

▶ 01 フォード・システム
アメリカの自動車産業を支えた大量生産方式──170
生産性を向上させたさまざまな工夫

▶ 02 全社的品質管理
世界から高く評価された日本の品質管理──172
品質管理活動を自主的に行うQCサークル

▶ 03 ベンチマーキング
よい事例は徹底マークする──174
目標とのギャップを埋める活動をする

▶ 04 顧客満足
広告以上に説得力がある「お客様の声」──176
顧客満足は従業員満足にもつながる
《コラム》内製化──178

17 製品開発

▶ 01 デファクト・スタンダード
業界内の競争で生まれた「事実上の標準」──180
普及すればするほど便利になっていく

▶ 02 オープン規格
何をどこまでオープンにするのか──182
オープンにしすぎて失敗したIBM

▶ 03 情報粘着性
情報を移動するにはコストがかかる──184
問題解決は「情報を持つ場所」で行うのがよい

▶ 04 コンカレント・エンジニアリング
複数の開発工程を同時並行で進める──186
リード・タイムの短縮化につながる
《コラム》UNIX誕生──188

18 イノベーション

▶ 01 生産性のジレンマ
効率性と柔軟性は両立しない──190
どちらを追うべきか？

▶ 02 ユーザー・イノベーション
ユーザー自身が開発を行う現象──192
実際に使う人ならではのイノベーションを生み出す

▶ 03 イノベーターのジレンマ
新興勢力が既存勢力を滅ぼす理由──194
オモチャが既存製品を駆逐する

▶ 04 技術の社会的構成
「有益」なだけでは、その技術は選ばれない──196
進歩の足かせにもなりうる特許
《コラム》技術的トラジェクトリ──198

19 組織のイノベーション

▶ 01 プロフェッショナル
専門知識と能力でイノベーションを起こす？──200
プロフェッショナルの危機も

▶ 02 組織アイデンティティ
この組織はどのような存在か──202
組織は多重アイデンティティ

▶ 03 動的能力
変化に対応して競争優位を築く能力──204
いつまでもモヤモヤしている動的能力概念

▶ 04 同型化のメカニズム

**競争ではせっかくのイノベーションが
つぶされることも──206**
　人が新しいことを拒絶するメカニズム
《コラム》鉄の檻──208

20 イノベーションの普及

▶ 01 ゲートキーパー
　コミュニケーションのカギとなる「スター的存在」──210
　　組織の内外をつなぐ役割

▶ 02 普及理論
　「新しいもの好き」をどう活かすかが普及のカギ──212
　　日本では身近な普及の仕方

▶ 03 NIH症候群
　なんでも自前でやりたがる人たち──214
　　イノベーションの妨げになる感情論

▶ 04 オープン・イノベーション
　企業内外のアイデアを活かす──216
　　アメリカで成長した企業の考え方
《コラム》殻──218

おわりに──220

13

第 1 部

経営組織論

【第1部で知っておきたい経営用語】

▼ 官僚制
大きな組織を効率的に動かすために、当たり前のことを当たり前に行う組織。

▼ 限定された合理性
人間が理性的に解決できる問題の大きさには限界があるということ。

▼ 職能別組織
専門化することで熟練を図る組織。中堅企業で威力を発揮する。

▼ 事業部制
会社の中に「利益を計算できるユニット」を複数つくった組織。

▼マトリックス組織
職能別の「縦割り組織」に、プロジェクトで横串を刺した組織。

▼資源依存理論
資源を握られているとパワーも握られますよという理論

▼内発的動機づけ
仕事それ自体が報酬になっていること。内発的に動機づけられていれば、より困難なことにもチャレンジする。

▼PM 理論
集団における目標達成や課題解決に関するP行動（performance）、集団の維持に関するM行動（maintenance）の両方を兼ね備えたリーダーが望ましいとする理論。

10 hour	
business	**1**
administration	

経営管理論
の始まり

▶ 01　官僚制

大きな組織を
効率的に動かす
ためには？

「当たり前のこと」を当たり前に行う組織

　会社といえば、まずイメージするのはピラミッド型の組織でしょうか。もちろんフラットな組織構造の会社もありますが、それだと会社は大きくなれません。フラットな組織は40〜50人くらいの規模になると分裂してしまいます。ベンチャーあるある話です。大きな組織になるには、階層構造を作らねばなりません。表面的であれ、上司・部下の上下関係を受け入れる必要があるのです。

　大きな組織を効率的に動かすために、社会・経済学者の**マックス・ウェーバー**はさらに、①職務を専門化することで分業し、②担当者が変わることで対応が変わらないように規則を明確化し、③文書によって記録すること……というような特徴を挙げました。これが**官僚制**の組織です。

　官僚制というと「お役所仕事」「硬直的」のイメージがつきまといますが、実は当たり前のことを言っているだけです。だって、役所でも会社でも、「もっと柔軟に対応しろ！」と担当者を恫喝する人は、要するに「自分だけ特別扱いしろ」と言っているわけで、これはダメでしょう。

　文書で記録を残すことも、長く事業を続けるのであれば当たり前のことです。毎年「去年はどうだったっけ？」の繰り返しでは進歩がありません。ただし、何事も程度の問題。あんまり硬直的で文書主義だと**逆機能**と呼ばれてしまいます。

30秒でわかる！ポイント

官僚制の逆機能モデル

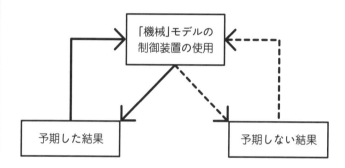

J.G.マーチ＝H.A.サイモン(1993)『オーガニゼーションズ 第2版』p.56 図3.1

> 社会学者マートンは、逆機能的組織学習を扱っています。どういうことかというと……。組織メンバーが、ある状況で適切な反応を学習したとします。ところがそれを機械的に、他の類似状況に一般化して適用すると、組織の予期しない望まない結果に終わることがある、というのです。これを逆機能と呼んでいます。

10 hour	**1**
business	
administration	

経営管理論
の 始 ま り

▶ 02　科学的管理法
頑張れば
頑張っただけ
稼げる仕組み？

工場でのカイゼンに使われている

　19世紀末から20世紀初頭にかけてのアメリカやイギリスの工場では、工員がわざとゆっくり仕事をし、1日分の仕事量が増えないようにしていたそうです。これを**怠業**と呼びます。実は、当時の給料は出来高払いだったのですが、精を出して働いて給料が増えると、会社側が工賃単価を下げるような事態が繰り返されたために、**組織的怠業**をするようになってしまったのです。これって会社にも工員にもプラスにならないですよね。

　そこでアメリカの経営学者**テイラー**は、仕事（課業）と目標を科学的に決められないかと考えたわけです。目標を達成したら、割増賃金がもらえるようにもしました。また、課業設定のついでに、不要な動作を省き、速い動作に置き換えていけば、より効率的に生産できるはずです。この**動作研究**で、アメリカのレンガ積み職人**ギルブレスとその妻**などは、作業効率を3倍にしてしまったそうです。

　ところが、テイラーの考えた成果給的な**差別的出来高給制度**は失敗してしまいました。**成果主義**は100年前にも失敗しているのです。それでも時間研究や動作研究の手法は、**インダストリアル・エンジニアリング（IE）**として、今も生き残っています。ギルブレスを逆に読ませた**サーブリッグ記号**や1分を100等分したストップウォッチなどは、今も工場の現場で**カイゼン**に使われていますが、実は、科学的管理法の名残なのですね。

30秒でわかる! ポイント

1

経営管理論の始まり

サーブリッグ記号

⬭	探す	∪	使用する
⬯	見出す	＃	分解する
→	選ぶ	◊	調べる
∩	つかむ	𝟴	用意する
⏥	つかみ続ける	👁	放す
◡	運ぶ	⌂	避け得ぬ遅れ
∪	延ばす	⌐○	避け得る遅れ
9	位置を決める	⃝	考える
＃	組立てる	⃝	休む

サーブリッグ(therblig)はギルブレス(Gilbreth)を逆から読んだもので、ギルブレス夫妻が考案した、人間の動作を18の基本動作に要素化した記号のことです。現在でも作業改善や標準作業の設定に使われています。

10 hour	**1**
business	
administration	

経営管理論
の始まり

▶ 03　管理過程論

組織の管理原則と
管理サイクル

「経営管理論の始祖」が生み出した理論

　アメリカでテイラーが活躍していた頃、フランスでは、炭鉱・製鉄の大企業コマンボール社の経営者として**ファヨール**が活躍していました。一鉱山技師としてスタートしたファヨールは30年にわたって社長を務め、合併買収、事業分割、多角化を駆使して会社を立て直しました。

　そんなファヨールが社長退任間際の1916年に書いた『産業ならびに一般の管理』は、意外なことに、戦略ではなく、組織の管理について書かれた本でした。6つの職能の1つとして**管理的職能**を挙げ、「管理する」とは予測する・組織する・命令する・調整する・統制することであり、従業員に働きかけることだと説いたのです。そして、14の管理原則も掲げました。

　鉱山学校出身のファヨールは、管理の学校の必要性も説きましたが、この本が英訳・紹介されたアメリカで、それが実現していきます。ビジネス・スクールができて、ファヨールの流れをくむ**管理過程論**が戦後、隆盛します。

　現在、管理過程論自体は、下火になりました。それでも、**管理サイクル**や今もカイゼン活動でよくお目にかかる「計画 Plan →実行 Do →評価 Check →改善 Action」の **PDCA サイクル**には、ファヨールの管理的職能が生きています。ファヨールは今では経営管理論の始祖と呼ばれています。

30秒でわかる! ポイント

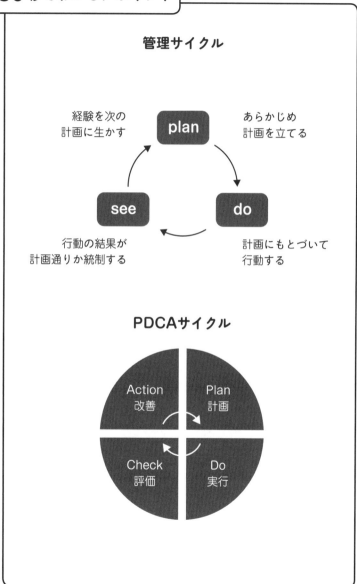

管理サイクル

- plan: あらかじめ計画を立てる
- do: 計画にもとづいて行動する
- see: 行動の結果が計画通りか統制する
- 経験を次の計画に生かす

PDCAサイクル

- Plan 計画
- Do 実行
- Check 評価
- Action 改善

10 hour	**1**
business	
administration	

経営管理論
の始まり

▶ 04　企業文化

終身雇用、年功賃金、企業別労働組合が支えた高度成長

1980年代に世界から注目を集めた日本の企業文化

　世界の経営学に、日本の経営が与えた影響も見過ごせません。とはいえ、日本は第二次世界大戦の敗戦国なので、戦後は敗戦処理の一環として日本的経営が取り上げられ、批判されました。日本の工場では、雇い主は従業員を解雇しようとしないし、従業員も辞めようとしないという意味での**終身コミットメント**を指摘したアメリカの経営学者**アベグレン**の『日本の経営』（1958年）も、結論は、「これだから日本の工場は生産性が低いのだ」というものでした。

　そんな流れが変わったのは、日本経済が高度成長を遂げて迎えた1970年代です。**終身雇用、年功賃金、企業別労働組合**は「三種の神器」とまで呼ばれました。日本的経営に成功の要因を求めたのです。実は、当時のアメリカ企業の多くは、経営がうまくいっていませんでした。それに比べて、日本企業は、従業員がはるかに企業に一体感を持ち、その役割に共鳴しているように見えたのです。

　そして、アメリカで成功している企業も、日本企業と同じような**企業文化**を持っているとして、『セオリーZ』（オオウチ、1981年）、『シンボリック・マネジャー』（ディール＆ケネディ、1982年）が出版され、企業文化、組織文化が時代のキーワードになります。それは同時に、ビジネス・スクール出身の**MBA**取得者ばかりを重用し、長年勤めた生え抜きを冷遇してきた反省でもあったのです。

30秒でわかる！ポイント

オオウチの『セオリーZ』

	タイプJ 日本企業の 組織の理念型	タイプZ 例) IBM、HP、 インテル	タイプA アメリカ企業の 組織の理念型
雇用	終身雇用	終身雇用	短期雇用
人事考課と昇進	遅い	遅い	早い
キャリア・パス	非専門的	非専門的	専門的
管理機構	非明示的	非明示的	明示的
意思決定	集団による	集団による	個人による
責任	集団責任	個人責任	個人責任
人に対する関わり	全面的	全面的	部分的

タイプZのIBM、HP、インテル等は日本の真似をしたわけではなく、アメリカで独自の発展をしてきた企業ですが、日本企業の組織の理念型の一部アメリカ版のような特徴をもっていました。

→ ジェイムズ・アベグレン（1926-2007）

アメリカの経営学者。戦後の日本企業の経営手法を研究し、その発展の根幹には「終身コミットメント」があると唱えた。後に日本国籍を取り、日本に永住する。

| 10 hour
business
administration | 1 | 経営管理論の始まり |

column

旧約聖書に
出てくる階層組織

階層構造を初めて作った

映画『十戒』でも有名な『出エジプト記』(『旧約聖書』2番目の書）第18章で、モーセ（古い表記ではモーゼ）が、迫害を受けていたユダヤ民族を率いてエジプトを脱出して、神の山に宿営していたときのお話です。

モーセは、しゅうとである祭司エテロの元に、妻と2人の息子を先に返していましたが、エテロはこのモーセの妻子を連れてモーセの宿営地を訪れ、次のようにモーセにアドバイスをするのです。「お前のしていることには無理がある。お前自身も、一緒にいるこの民も、きっと疲労困憊してしまうだろう。争いごとがお前には重すぎて、お前一人でそれを片付けることができない相談だからだ。（中略）　お前は、すべての民の中から、神を畏れる有能な、信頼すべき人たち、利得を憎む人たちを選び出し、それらの人たちを千人の頭、百人の頭、五十人の頭、十人の頭として彼らの上に置くがよい。彼らがいつもこの民を裁くようにし、大きな争いごとのときはみなお前の所に持ってこさせるのだ。」（関根正雄訳〈1969年〉『旧約聖書 出エジプト記』岩波書店 pp.56-57）

モーセはその忠告を聞き入れます。これは階層構造を作って、大きな集団を単位組織に分けて管理することに関する最初の記述だとされています。

千人の頭、百人の頭、五十人の頭、十人の頭

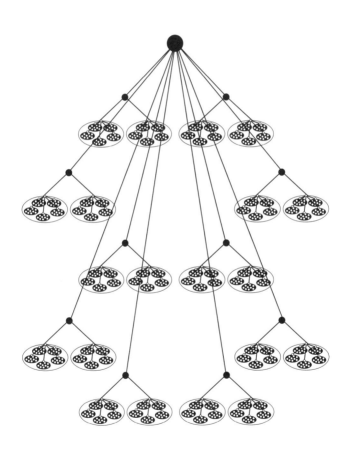

10 hour
business **2**
administration

意思決定

▶ 01　限定された合理性

人が理性的に 選べる範囲には 限界がある

1人では限界があるから「組織」が必要になる

　たとえば、飛行機の機内食で、CAさんから「魚料理と鶏料理のどちらを食べますか？」と聞かれたら、あなたはすぐにどちらかを選べるはずです。では、もし50種類も料理が並んだメニューを渡されて、すぐに選べと言われたらどうでしょう。しかも知らない料理がたくさん並んでいたとしたら……。もうお手上げです。人間が、理性的に選択できる問題の大きさは限られているのです。

　人間の**限定された合理性**。ここから、『オーガニゼーションズ』（マーチ＆サイモン、1958年）の世界が始まります。こんなとき私だったら、横に座っている家族や友人にアドバイスを求めます。**意思決定**するのは自分でも、料理について情報が欲しい。あなたもたぶんそうするでしょう。要するに「**組織**」を頼るのです。人間は合理性に限界があるから組織を作って生活しているのですね。

　ただ、こうした経験も何度も繰り返してくると、だんだんと慣れてきて、メニューを見せられた途端、考え込まずに、食べ慣れた料理をパッと注文するようになります。刺激からすぐに行動が出てくる。**ルーチン**ができたわけです。楽器でも自転車でも、熟練の陰にはルーチンあり。実は、経営の現場での意思決定も、組織やルーチンと言ったツールを駆使して行われているわけです。なにしろ人間の合理性には限界があるので……。

30秒でわかる！ポイント

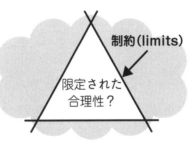

制約の三角形＝合理性の制約

高橋伸夫(2008)「『限定された合理性』はどこに」『赤門マネジメント・レビュー』7(9), 687-706 図1.

「限定された合理性」(bounded rationality)はノーベル経済学賞を受賞した碩学、サイモンの『経営行動』(1947年)で提唱されていると一般に解釈されていますが、実は同書の本文では一度も登場しません。登場するのは第3版の序文が初めて。第3版では、索引の子項目として "bounded rationality" が挙げられ、本文中の3箇所が指定されています。そのうち1箇所では、① 技能 ② 価値 ③ 知識の3つの辺からなる「制約の三角形」を用いて、合理性の制約(limits of rationality)を説明しているのですが、「限定された合理性」とはちょっと違うような……。

→ ハーバート・サイモン（1916-2001）

組織の経営行動と意思決定を研究し、1978年にノーベル経済学賞を受賞した。人工知能のパイオニアでもある、多彩な人物。

10 hour	**2**
business	
administration	

意思決定

▶ 02　組織均衡

人が辞める理由

「労働」と釣り合いがとれているか

　前項で意思決定と言いましたが、意思決定には、会社などで組織の一員として行う意思決定の他に、**退出の意思決定**というのもあります。これが結構奥が深い。

　一般的には、嫌だから会社を辞めると思いがちですが、「不満を口にする」行動も「会社を辞める」行動も観察可能なので、ためしに、あなたの周囲でそんな人を探してみましょう。すると、不満を口にしているのに辞めない人がたくさんいることがわかります。つまり満足尺度のゼロ点で退出が始まるわけではないのです。

　それどころか、参加を始める理由と辞める理由も表裏一体ではありません。たとえば、お金のために始めたアルバイトを辞める理由は、普通はお金ではありません。人間関係だったり、やりがいだったり、仕事の中身だったりと、さまざま。ただ、参加を続けている人は、お金もそれ以外のものもすべてひっくるめて、労働と釣り合っているから参加を続けているのでしょう。そういう状態をサイモンは『経営行動』（1947年）の中で**組織均衡**と呼びました。

　ただ、そのとき想定すべき組織の参加者は、従業員だけではありませんよ。顧客もサプライヤー（部品供給業者）も出資者も、要するにステークホルダー全部が組織の参加者なのです。考えてみれば当たり前。全員から支持されて、初めて会社は回るのですから。組織均衡を考えることは大事です。

28

30秒でわかる！ポイント

2

意思決定

組織均衡論

1. 組織は、組織の参加者と呼ばれる複数の人々の相互に関係した社会的行動のシステムである。

2. 各参加者、各参加者集団は、組織に貢献をしたお返しに、組織から誘因を受けとる。

3. 各参加者は、提示された誘因が、(自分の価値・可能な代替案に照らして測定して)求められている貢献以上である限り、組織への参加を続ける。

4. さまざまな参加者集団が提供する貢献は、組織が参加者に提供する誘因をつくり出す源泉である。

5. ゆえに、組織に「支払能力がある」、すなわち組織が存続するのは、十分な貢献を受け、それをもとに十分な誘因を提供し、それでさらなる貢献を引き出せるときのみである。

マーチ＝サイモン(1993)『オーガニゼーションズ 第2版』pp.103-104.

ただし、この理論を検証するには、特に上記「3.」で、次の2変数を独立に測定する必要があります。(a)参加者の行動(組織に加わる、留まる、去る)、(b)各参加者の「効用」に照らして測定された各参加者の誘因と貢献のバランス。このうち(a)の観察は比較的容易ですが、変数(b)の値が(a)の観察に依存しない証拠を見つけることは、ずっと難しいのです。その意味では、この理論もトートロジー(同語反復)すれすれです(とサイモン本人も認めています)。

10 hour	
business	**2**
administration	

意思決定

▶ 03　組織学習

人が入れ替わって も持続する 組織記憶

人ではなく「組織」が学習し、記憶する

　組織学習とは組織ルーチンの進化だと考えられています。学習してルーチンが改善すれば、当然、組織の生産性も向上していくはずですが、それに関してはアメリカでは戦前から**学習曲線**の存在が広く知られていました。実は、戦時下の航空機・輸送船の大量調達の際には、学習曲線を使って原価計算をしていたのです。

　しかし、人間が学習するのは分かりますが、組織って学習するのでしょうか？　記憶するのでしょうか？

　たとえば同じ人数からなる、異なる２つの**コミュニケーション・パターン**を考えます。１つはいわゆるセンターがいる**車輪型**（右ページ左下図）、もう１つは平等な**サークル型**（右ページ右下図）です。メンバーがそのコミュニケーション・パターンを身に着けた後で、両方の集団間で、一人ずつメンバーを交換していくと、全部入れ替わってしまったとき、コミュニケーション・パターンも入れ替わるでしょうか？　そんなことはないですよね。つまり、組織のメンバー間関係のようなものには、人が入れ替わっても持続性があるのです。これは**組織記憶**の一種だと考えられています。

　実際、アメリカの世界的フルート・メーカー３社は、もともと出自が同じで、作り方も同じなのに、その３社間で職人が転職すると、前にいた職人の仕事の「いい感じ」、つまり関係性を学習し直す必要があるそうです。

30秒でわかる! ポイント

5人ベイブラス・ネットワーク

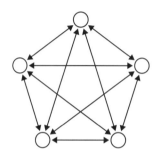

全チャンネル型

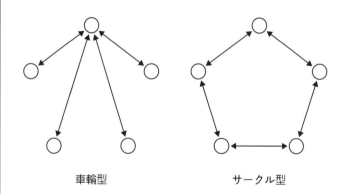

車輪型　　　　　　サークル型

10 hour	
business	**2**
administration	

意思決定

▶ 04　ゴミ箱モデル

やり過ごしの理由

優先順位の低い問題はやり過ごしてよい？

　サイモンは単純に「**意思決定＝問題解決**」と考えていました。し
かも多くの選択肢の中から１つを選ぶ択一問題の問題解決です。彼
は『ゲーム理論と経済行動』（フォン・ノイマン＆モルゲンシュテ
ルン、1944年）の強い影響を受けているから仕方ありません。

　それに対してサイモンとの共著もある**マーチ**たちは、コンピュー
タ・シミュレーションをする際に、問題解決以外にも意思決定のタ
イプはあるはずだと考えました。見過ごしとやり過ごしです。たと
えば、恋人同士が長々と付き合っていると問題がいろいろと出てく
るものです。それを全部解決しないと結婚できない……となるとも
う結婚は無理。結婚には勢いが必要なのです。問題が出てくる前に
決めてしまわないと（私の体験）。これが**見過ごし**による決定です。

　他方、今、抱えている問題が大き過ぎると、そもそも合理性に限
界があるので解決できません。しかし問題をやり過ごしていれば、
そのうちその問題の方が立ち消えになるかもしれません。嵐が過ぎ
去るのを待つ。これが**やり過ごし**です。拙著『できる社員は「やり
過ごす」』（1996年）でも、多くの人がやり過ごしを経験している
調査結果が示されます。現実の組織では、大問題をやり過ごしてで
でも、日常の業務を回す必要があります。優先順位の低い問題を上手
にやり過ごすことを求める会社まであるのです。

30秒でわかる！ポイント

2 意思決定

ゴミ箱モデルでは負荷が増えるとやり過ごしも増える

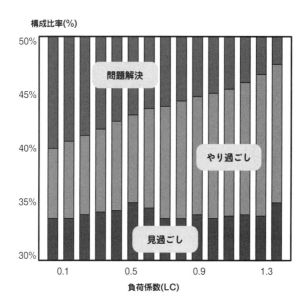

N. Takahashi (1997)
"A single garbage can model and the degree of anarchy in Japanese firms,"
Human Relations, 50(1), 91-108. Figure 2

> コンピュータ・シミュレーションを行うと、問題の負荷が大きくなるほど、問題解決が減り、やり過ごしが増えることがわかりました。見過ごしはほぼ一定でした。

| 10 hour
business
administration | 2 | 意思決定 |

column

できる社員は
やり過ごす

いろいろな機能がある「やり過ごし」

①オーバーロード状況におけるスクリーニング機能

　慢性的にオーバーロード（過重負荷）の状態で仕事をしていれば、部下が上司の指示命令のすべてに応えることは不可能です。優先順位の低い上司の指示命令を上手にやり過ごすことで、時間と労力を節約し業務をこなすしかありません。A社では、それができない部下は「言われたことをやるだけで、自分の仕事を管理する能力がない」という評価をされてしまいます。

②トレーニング機能／選別機能

　上司の指示をただ忠実に黙々とこなすだけの部下が、果たして10年後によい上司となりえるでしょうか。実際、日本企業では、トレーニング的な意味合いでわざと上司が部下のやり過ごしを誘発させている側面もあるそうです。「どうでもいいような仕事まで全部やる必要なんてないんですよ。それこそ、やり過ごしてくれればいいんです。もし、自分で優先順位を付けて、大事な仕事から順にやっていくようだったら、そしてその優先順位が、私の考えていたものと同じだったら、これは見込みがある。こっちも鍛え甲斐があります」

　やり過ごしてしまうことは確かにコストには違いありません。しかしそれはトレーニング・コストあるいは選別コストなのですね。

やり過ごしを許容する
A社の評価基準

A評価 | やり過ごしも含めて上司のオーダーを自ら優先順位をつけて遂行し、必要に応じて指示されないことまで自主的に行なって、常に時機に応じた解を提示する部下。

B評価 | 上司から言われた順に仕事に着手し、上司が指示した範囲で確実に仕事を遂行するが、上司の指示が多すぎたような場合には、時機を逃すこともある部下。

C評価 | やり過ごしも含めて間違った優先順位を勝手に行ない、その結果やらなくてもいいことを先にやり、やるべきことを後手にして時機を逃す部下。

D評価 | 自分で優先順位をつける能力もなく、かといって、上司から言われたことも遂行できない部下。

高橋伸夫(1996)『できる社員は「やり過ごす」』p.23

長期雇用が前提の日本企業では、やり過ごしを必ずしも悪い現象と決めつけない現実があります。

10 hour	**3**
business	
administration	

**組織
デザイン**

▶ 01　職能別組織

専門化することで
熟練する

中堅企業で威力を発揮する職能別組織

　ほとんどの会社は、職能別に**部門化**されていますね。たとえば、総務部はどこの会社にもありますし、さらに経理部、人事部、労務部に総務部門が細分化している会社もあります。メーカーだったら、購買部や販売部もあるでしょう。このように職能別に部門化された組織は**職能別組織**と呼ばれます。たぶん、大学のサークルなどでも、大きなサークルは執行部が職能別組織になっているはずです。

　職能別に部門化するのには理由があります。人間は限られた範囲の同じ仕事を頻繁に何度も繰り返していると、だんだんと熟練してくるのです。そのためには、特定の職能に**専門化**していないといけません。一度熟練しても安心はできません。熟練後もある程度の頻度でたずさわらないと、すぐに技能がさびついてしまいます。

　これは、管理職でも同じことで、同じ種類の問題に何度も繰り返して遭遇していると、決定が速くなるし、自信も増します。要するに**ルーチン**化したわけです。これが、**ファヨール**が**分業の原則**と呼んだものです。

　会社が小さいと専門化するほどには仕事量がありませんが、中堅企業ともなると職能別組織は一般的です。大企業でも普通に見かけますが、ただ、組織が本当に大きくなってくると、1つの職能別組織を組立ブロックにして、より複雑な組織が組み立てられることになります。

30秒でわかる！ポイント

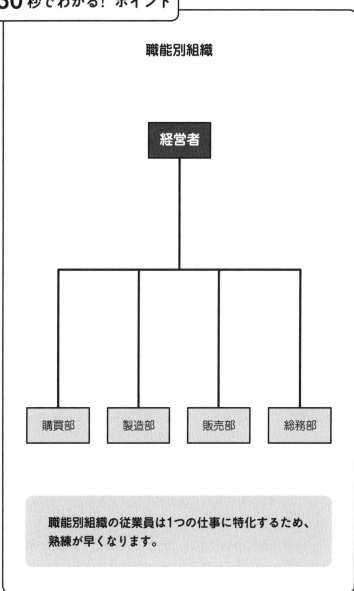

職能別組織

職能別組織の従業員は1つの仕事に特化するため、熟練が早くなります。

10 hour	
business	**3**
administration	

**組織
デザイン**

▶ **02　持株会社**

子会社の経営権を
持つためだけの
会社

1997年に日本でも再び解禁となった

　A社がB社の株式の50%超を持っていたら、A社はB社の株主総会で議決権の過半を占めることになるので、株主総会を支配し、自由に取締役等を決めることができます。つまり、A社の意思どおりに動いてくれる取締役を送り込むことで、B社を意のままに操ることができるわけですね。このとき、A社をB社の**親会社**と呼び、B社をA社の**子会社**と呼びます。

　2006年に施行された**会社法**では、単に会社の持株比率だけではなく、たとえば、A社だけでは50%超には達しないけれど、A社の社長もB社の株を持っていて、両方合わせると50%超になるような場合も、親会社・子会社とされます。実効支配かどうかを見るわけですね。

　いろいろな会社の親会社になっていて、自らはあまり事業らしい事業をしていないような会社は**持株会社**と呼ばれます。実は、日本は戦後1947年に**独占禁止法**ができてから1997年までの50年間、同法で、持株会社は禁止されてきました。戦前の**財閥本社**は持株会社でしたからね。持株会社禁止で財閥解体を狙ったのでしょうが、先進国で禁止されていたのは、日本だけでした。

　1997年に持株会社が解禁され、今や日本でも持株会社は大流行りです。○○**ホールディングス（HD）**と名乗る会社の多いこと多いこと。

30秒でわかる！ポイント

親会社・子会社関係

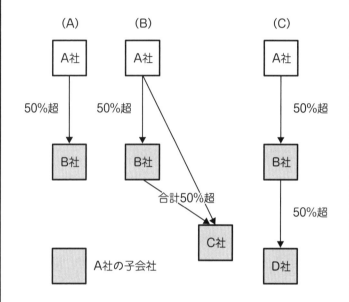

高橋伸夫(2016)『経営の再生 第4版』p.144 図4.1

さまざまな形の子会社があります。図中のD社のような、A社にとっての孫会社も、法律上はA社の子会社となります。

10 hour	
business	**3**
administration	

組織
デザイン

▶ 03　事業部制

会社の中に「利益を計算できる組織」を複数作る

今の日本は時代に逆行している!?

　日本企業で最初に**事業部制**が導入されたのは1933年、松下電器（現パナソニック）だと言われています。メーカーの場合、各事業部は特定の製品群について購買、製造から販売までを担当し、利益を計算できる組織単位、つまり**プロフィット・センター**になります。

　日本では、小さな職能別組織の会社が大きくなって、複数の製品系列を持つようになり、事業部制組織になるとイメージされていますね。そしてついには事業部を分社化していって**持株会社**形態に移行するのだと。

　ところが、日本よりも先に、1920年代に事業部制が発明されたアメリカでは、ちょっと様子が違います。『組織は戦略に従う』（チャンドラー、1962年）によれば、職能別組織から事業部制組織になった会社もあるものの、たとえばゼネラル・モーターズ（GM）のように、合併買収を繰り返して持株会社形態で大きくなった会社は、単なる会社の寄せ集めから1つのまとまった組織へと変態を遂げるために事業部制に移行したのだというのです。

　つまり、事業部制こそが最終的な組織デザインであり、職能別組織も持株会社形態も、やがては事業部制に収斂していくと結論付けたわけです。流行に流されて、深く考えもせずに持株会社形態にしてしまった日本の会社にとっては、ドキッとする歴史的事実かもしれませんね。

30秒でわかる！ポイント

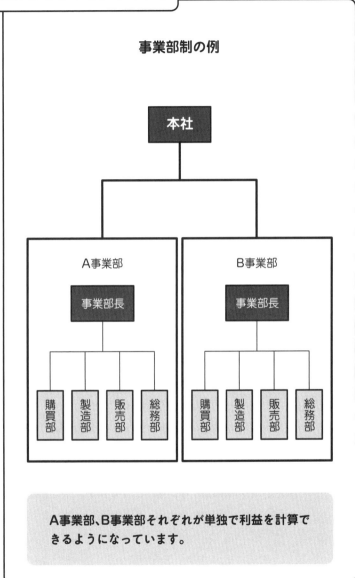

事業部制の例

A事業部、B事業部それぞれが単独で利益を計算できるようになっています。

10 hour	
business	**3**
administration	

組織
デザイン

▶ 04 マトリックス組織

職能別の縦割り組織にプロジェクトで横串を刺す

日本企業には昔からなじみの深い組織

　会社というものは、ビジネス・チャンスを生かして起業・成長していきます。しかし成長したら、次は、その成長のタイプに合わせて組織作りをしなくては、つぶれてしまいます。こうしたことをアメリカの歴史学者**チャンドラー**は「組織は戦略に従う」と簡潔に表現したのでした。

　ところで、流行に流されて痛い目にあうのは、経営学者も同じです。ファヨールは**命令系統一元化の原則**を唱え、1人の担当者の上司はただ1人であるべきだと主張していました。これはアメリカの経営学の教科書でも広く教えられていました。一方、日本企業では、上司が複数いるという会社も多く、かつて日本の経営学者は、「だから日本企業は遅れているのだ」と大いに批判しました。

　ところがアメリカでは1969年に人類を月に送り込んだアポロ計画で、NASAが航空宇宙産業の企業に**プロジェクト組織**の導入を勧めます。職能別の縦割り組織に、プロジェクト別マネジャーで横串を刺して、プロジェクト管理を強化したわけです。この形の組織は、やがて**マトリックス組織**として定着していきます。そして『マトリックス経営』（デイビス＆ローレンス、1977年）で、マトリックス組織は命令系統一元化の原則に反した組織だとし、「日本企業は自然にマトリックスになっていて素晴らしい」とほめられてしまったのです。

30秒でわかる！ポイント

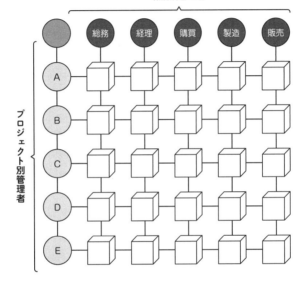

マトリックス組織

職能別管理者: 総務、経理、購買、製造、販売

プロジェクト別管理者: A、B、C、D、E

高橋伸夫(2004)『虚妄の成果主義』p.70 図2

> 職能別管理者、プロジェクト別管理者の両面から指示が下されます。

→ アルフレッド・チャンドラー（1918-2007）

アメリカの歴史学者。企業経営を歴史からとらえる研究分野「経営史」を大きく発展させた。「組織は戦略に従う」という名言を遺す。

10 hour	
business	**3**
administration	

組織デザイン
column

ツーボス・モデル

「命令系統一元化の原則」を無視!?

　大学院生の頃、経営学の大家と次のような会話をしました。
「こんな図を描くなんて、君は経営学の常識がないと思われても仕方がない」
「これは**マトリックス組織**かどうかを聞いた質問なのですが。先生のご本にも解説が書いてあると思います」
「何言ってるんだ。マトリックス組織というのはマトリックスに組織図が描いてあるからマトリックスなんだ」
「先生は1977年に出版された**デイビス**と**ローレンス**の有名な『マトリックス』を読まれたことはないのですか？　あの本の中では、**ツーボス・モデル**こそがマトリックス組織と書いてあるのですが。実際にこの図を使って調査をしたら、36％の企業がこの図のような組織だと答えたんですよ」
「だから日本企業は前近代的で遅れているとわれわれは批判しているんだ。アメリカの経営学の教科書を読んでみろ。どの教科書にも書いてある有名な**命令系統一元化の原則**も知らないのか」
「その原則に反して作られているからこそ、マトリックス組織は注目されているのですよね。デイビスとローレンスの『マトリックス』の中では、実態としてマトリックス組織を実現・運営して成功しているのは日本企業であるとまではっきり書いてありますが……」
（高橋伸夫『虚妄の成果主義』（2004年）pp.66-68 短縮）

ワンボス VS ツーボス

(1) ピラミッド組織(ワンボス・モデル)

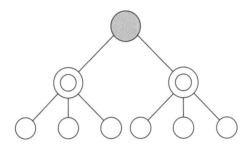

(2) マトリックス組織(ツーボス・モデル)

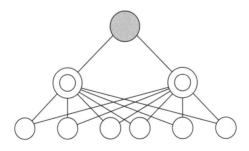

高橋伸夫(2004)『虚妄の成果主義』p.67 図1

複雑な指示系統となるツーボス・モデルですが、日本ではよく機能しています。

10 hour		▶ 01　コンティンジェンシー理論
business	**4**	
administration		

マクロ 組織論

環境に合わせて 組織は変わる？

しっかりとした検証がされないままにブームは終焉

　チャンドラーは「組織は戦略に従う」と言いましたが、1970年代には、組織は環境に従うとする**コンティンジェンシー理論**が世界中で大流行しました。環境適応理論と訳す人もいましたが、より正確に言えば、組織の構造やシステムは環境条件によって異なると主張したのです。

　代表的な論者であるイギリスの**バーンズ**と**ストーカー**は1961年に、変化率の小さな産業では官僚制的な機械的システム、変化率の大きな産業では有機的システムが見られると主張しました。同じくイギリスの**ウッドワード**は『新しい企業組織』（1965年）で、生産システムによって組織の構造やシステムが異なると主張しました。

　そして、アメリカの**ローレンス**と**ローシュ**が『組織の条件適応理論』（1967年）でこうした先行研究を総称して「コンティンジェンシー理論」という名前を付けたのです。といっても理論らしい理論はなく、当時普及しだしたコンピュータと統計パッケージを使って、アンケート・データを**多変量解析**したものでした。こうすれば論文になるということだけが広く認知され、それ以降、コンティンジェンシー理論の論文が山のように出現することになります。しかしデータ収集の方法等のリサーチ・デザインが欠如し、結局、コンティンジェンシー理論で何が言えたかわからないままにブームは終焉します。

30秒でわかる！ポイント

生産システムによって組織構造が異なる

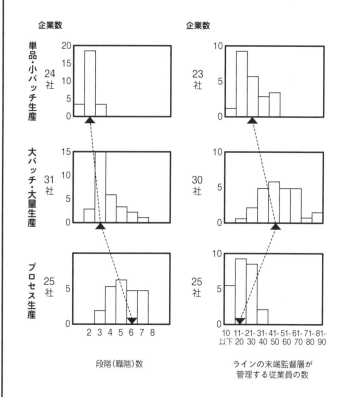

J. ウッドワード(1965)『新しい企業組織』p.52図13; p.62図20

| 10 hour |
| business | **4** |
| administration |

マクロ
組織論

▶ 02 資源依存理論

資源を
依存していると
パワーを握られる

フェッファーとサランシックの共同研究

　1970年代には、組織と組織の関係を扱った**組織間関係論**も登場します。これも広くとらえれば組織と環境の関係に含まれますね。代表的な理論としては**フェッファー**と**サランシック**の**資源依存理論**が挙げられます。2人は『組織の外的コントロール』（1978年）で、提携・合併をはじめとしたさまざまな場面で、組織が他の組織から制約を受けていても、打つ手はあると主張します。

　相手組織が**パワー**を持っているのは、簡単に言ってしまえば、自分たちが相手組織に資源を依存しているからです。たとえば、基幹部品をたった1つのメーカーから買っていれば、そのメーカーからの部品供給が止まった途端、工場は立ち行かなくなるので、どうしてもその会社の言うことをきかなくてはいけなくなります。こうした場合、基幹部品の供給元を複数にして、資源依存度を下げればいいのです。

　ちなみに、サランシックの死後、2003年に同書が再版されたとき、フェッファーは、「資源依存理論のアイデアはよく引用されてきたが、それはメタファーとしてで、検証した研究もあまりなく、資源依存理論のアイデアは、厳密な検証もなしに広く受け入れられた」と述懐し、「原著は長らく絶版で、読まれもしなかった」とまで吐露しています。こんなに有名になったのに自虐的ですねぇ。

48

30秒でわかる! ポイント

資源依存理論における組織環境の次元間の関係

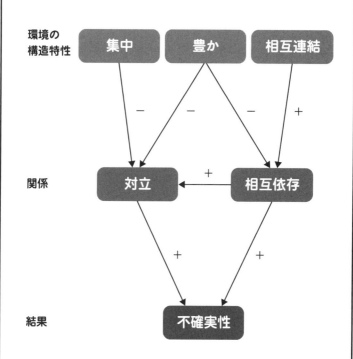

J.フェッファー＝G.R.サランシック(1978)『組織の外的コントロール』p.68 図4.1

相手組織に資源を依存しているかどうかで、パワーバランスが決まります。

4 マクロ組織論

10 hour	
business	**4**
administration	

マクロ
組織論

▶ 03 取引コスト理論

「内製」と「外注」を
コストで比較する

実用的かどうかは謎な理論

前項で紹介したフェッファーとは対照的に、ほとんどトートロジーで無意味なのに、自信満々でノーベル賞までもらったのが、**ウィリアムソン**の『市場と企業組織』（1975年）で展開された**取引コスト理論**です。

たとえば、前項の基幹部品の例では、供給元を複数にすることで資源依存度を下げましたが、そもそも**外注**せずに、その基幹部品を自社内で**内製**するという選択肢も考えられます。つまり、社内で作るか、社外から買ってくるか、です。これを**内外製区分の決定**ともいいます。実務の世界では、こうした場合、品質・コスト・納期（QCD）、さらには生産能力、景気変動などに対するフレキシビリティ（柔軟性）等々さまざまな要因を考慮して内製するか、外注するかを決めていくわけです。もちろん、供給元を分散するという配慮も加わります。実務の世界では、**資源依存理論**は健在です。

それに対して、社内での**取引コスト**と市場での取引コストを比較して安い方が選択されたのだと主張するのが取引コスト理論です。環境が不確実で取引相手が少数という条件の下では、**限定された合理性**と機に乗じて自分に有利に運ぶように行動する**機会主義**がからんで市場での取引コストが高くなるから、社内で取引されるのだろうというわけです。でも、そもそも取引コストを取引と独立に測定できていないのでねぇ……。

30秒でわかる！ポイント

取引コスト理論における市場が失敗する枠組み
（なのに、なぜか「組織の失敗の枠組み」と呼んでいる）

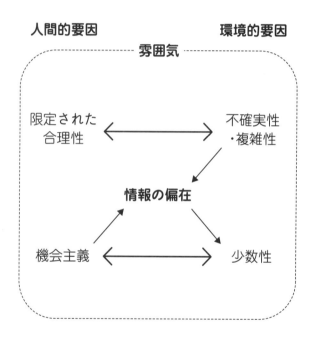

O.E.ウィリアムソン(1975)『市場と企業組織』p.40 図(2-)3

外注は内製にはない取引コストがかかります。

10 hour	**4**
business	
administration	

マクロ
組織論

▶ 04　個体群生態学

環境に合わない
組織は
淘汰される

行動パターンが確立されている企業が生き残る

　1970年代はマクロ組織論の時代でした。その締めくくりは、やはり1970年代に登場した個体群生態学です。「組織は環境に適応していかないと生き残れませんよ」「古いものは生き残れませんよ」といった強迫観念にかられている人からすると、意外な主張が展開されます。

　ハナンと**フリーマン**は、生態学的観点から、環境による組織の淘汰を考えます。組織にはそもそも**構造的慣性**があるので、組織の環境適応には限界があり、環境に合っていない組織は淘汰されてしまうのだという割り切った考え方です。つまり適応と淘汰を比べれば、淘汰が勝るというわけです。その上で、慣性の高い組織の方が生き残ると主張したのです。

　たとえば、**「新しさの不利益」仮説**です。要するに、古い組織よりも新しい組織の方が失敗する割合が高いというのですから、ちょっと驚きでしょう。ところが、実際、半導体製造企業、地方新聞社、全国的労働組合組織など、多くの実証研究で、新しさの不利益が確認されています。

　こうした研究は20世紀の最後の20年に盛んに行われました。そして、慣性の源泉、すなわち組織の行動パターンの継続性の源泉として、ルーチンが重要視されていました。ルーチンがしっかりしていて、行動パターンに継続性がある企業が、生き残ってきたのです。

30秒でわかる！ポイント

4 マクロ組織論

日本の自動車会社の各協力会におけるサプライヤーの残存率

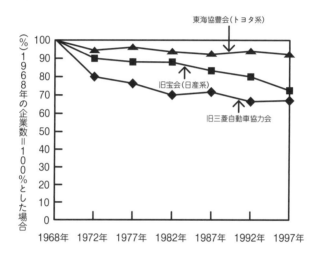

山田耕嗣(1999)「継続的取引とエコロジカル・アプローチ」
高橋伸夫編著『生存と多様性』p.124 図3

長期継続的取引が成立していると思われがちな日本の自動車産業の系列取引ですが、実際には、かなりの数のサプライヤーが、取引停止や他社との合併の形で淘汰されています。

10 hour
business 4 マクロ組織論
administration

column

会社の寿命

データの「打ち切り」に注意

　かつて日経ビジネス編『会社の寿命』(1984年) がきっかけで「**会社の寿命30年説**」なるものが流行りました。1896年から1982年まで、だいたい10年ごとに10期調べられた総資産額でみた「日本のトップ企業100社」のランキング表をもとに「企業が繁栄をきわめ、優良企業グループ入りできる期間は平均2.5回、つまり1期10年として30年足らず」と結論したのです。実際、全体の8割近い会社が3期以内にランキング表から姿を消していました。

　でも、たとえば最後の1982年に初登場した企業は1回しかランキング表に登場しないのですが、実際にはその後もランク入りし続けそうです。実は、寿命の推定には、こういった打ち切りデータ用の**生存時間解析**（またはイベント・ヒストリー分析）を使う必要があったのです。個体群生態学でも、生存時間解析を使って、打ち切りデータから「死にやすさ」を推定していました。

　この生存時間解析を使って、『合併行動と企業の寿命』(清水剛、2001年) は、驚愕の数字をはじき出します。戦後、東京証券取引所が開設された1949年から1999年初めまでに東証第一部に上場した1275社の上場期間についてのデータを用い、平均上場期間を推定すると、156年にもなったのです。さらに合併補正を行うと、平均上場期間は、なんと228年にもなりました。

日本の会社の寿命
総資産額上位100社にランク入りしていた期数
(1期約10年)

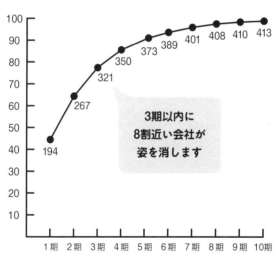

高橋伸夫(2016)『経営の再生 第4版』p.18 図1・1

10 hour	
business	**5**
administration	

モチベー
ション

▶ 01　人間関係論

仲のいい
集団ならば
生産性も上がる？

実はカラクリがあったホーソン実験

　アメリカ電話電信会社 AT&T の子会社ウェスタン・エレクトリック社は、シカゴ市にあるホーソン工場で、1924 〜 32年にかけて、後に**ホーソン実験**と総称されることになる一連の実験を行いました。実験は当初、**科学的管理法**的に、最適な照明度を探る……というような感じで始められます。ところが、照明度と生産性は無関係で、しまいには月明り程度の明るさにしても生産性は下がりませんでした。

　気を取り直して、今度は 5 人の女性作業員を隔離して、作業条件をいろいろ変えて実験してみましたが、同じ条件の期間を比較すると、生産性は上昇し続けていました。そこで、実験内容を彼女たちに相談したり、監督者も置かなかったりしたことが、協力的態度や生産性向上につながったのではないかと考えました。**人間関係論**の誕生です。こうした結果は、ハーバード大学の研究者によって公表され、従業員の欲求の満足化による生産性増大運動として、戦後は日本などにも影響を与えました。

　ただし今は、この実験結果は疑問視されています。実は、実験の途中で、5 人中 2 人の反抗的な作業員が解雇され、代わりに生産的で経験のある 2 人に交代していたのです。**職務満足**が高い生産性をもたらすという人間関係論的仮説は、現在では科学的に否定されています。

30秒でわかる! ポイント

ホーソン実験での生産性向上のカラクリ

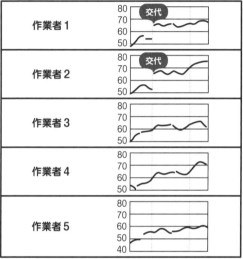

メイヨー(1933)『産業文明における人間問題』p.61 図8を加工

実験の最初の年である1927年に、5人中、反抗的な作業者番号1番と2番の2人が解雇されました。代わって1928年1月からは、①その者たちと同程度ないしはそれ以上の技能をもち、②経済的な問題で仕事を必要としていた2人の女性が入ってきて、同じ番号を引き継ぎました。今では、新規に加入した2人の努力と刺激が集団の生産性向上をもたらしたと考えられています。

10 hour	
business	**5**
administration	

モチベー
ション

▶ 02　期待理論

見返りが
大きいほど
やる気は出る？

効果的な「見返り」は人それぞれ

　金銭的報酬のような**外的報酬**による**モチベーション**の理論の代表は**期待理論**です。これは打算的で合理的な人間を仮定しており、わかりやすくいえば、馬の鼻先にニンジンをぶら下げて、食いたかったら走ってみろという理論です。

　期待理論を現在のような比較的完成された形にまとめたのは、**ブルーム**の『仕事とモチベーション』（1964年）です。言っていることは、途中まではミクロ経済学の期待効用理論と同じです。単純化すると「行為→１次の結果→２次の結果」つまり「仕事→成果→報酬」という関係を考え、期待効用が大きいほど行為（仕事）のモチベーションが高まると考えたのです。

　ブルームは、500以上の先行実験・調査の結果を整合的に説明するための枠組みとして期待理論を考えましたが、自分自身では検証していません。しかし検証しようとすると、効用の個人間比較のような問題にぶち当たります。検証を強行した他の研究者の実験でも、低い相関しか見られませんでした。

　ブルームの期待理論のモデルをベースにして、さらに複雑なモデルを作ることも行われていますが、実質的には、期待理論が検証不能な代物であることをカムフラージュしているだけです。

30秒でわかる! ポイント

期待理論のモデル

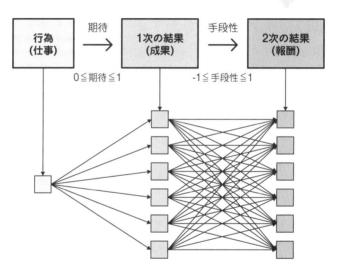

高橋伸夫(2015)『経営学で考える』p.219 図(6-)1

1. 「2次の結果」(報酬)の誘意性と「手段性」から「1次の結果」の誘意性を計算する。
2. 「1次の結果」(成果)の誘意性と「期待」から行為の誘意性「期待×誘意性」を計算する。
3. ある職務を遂行するように作用する力は、行為の誘意性(期待効用)によって決まる。

10 hour business ——— **5** administration

モチベー
ション

▶ 03　内発的動機づけ

「達成感」が基本

「お金」はインパクトが強すぎる

　ブルームはその著書の中で、ある画期的な予想をしていました。それは、人は**外的報酬**とは無関係に、高いパフォーマンスからは高い満足を引き出しているというのです。確かに、子供のころ、テストで100点を取れば、誰だってうれしかったはずです。それは100点を取ったら親から「報奨金」がもらえる、なんてことがなくても、うれしいのです。

　実はそんな単純なストーリーを邪魔していたのが金銭的報酬だったことがわかってきます。ブルームの指導を受けた**デシ**は『内発的動機づけ』（1975年）で、面白い実験をしています。大学生を使ってパズルを解かせる実験をするのですが、学生は、途中で金銭的報酬をもらうと、自由時間を休憩にあてるようになってしまうのです。

　これは、お金がモチベーションに効果がないと言っているのではありません。逆に、お金はインパクトが強すぎるのです。もともと仕事それ自体が報酬だったのに（これを「内発的に動機付けられている」といいます）、**金銭的報酬**は仕事と満足の間に割り込んで、「仕事→金→満足」と分離してしまうのです。こうしてひとたび金のために仕事をするようになると、もうおしまいです。あとは金をもらえなくなると満足も得られなくなり、仕事をする気もまた、なくなってしまうのです。

30秒でわかる！ポイント

外発的動機付け VS 内発的動機付け

5

モチベーション

	期待理論	達成動機付け理論
外発的／内発的	外発的動機付け （外的報酬がある）	内発的動機付け （目標達成以外に明白な報酬がない）
目的	賞金目当てに 「くじ」を引く （期待効用理論と同じ）	「くじ」を引くこと 自体が目的
予想された行動	できるだけ容易な 道を選ぶ	ある程度困難なことに チャレンジする
	同じ外的報酬をもたらす容易なパスと困難なパスの2つのパスがあるときには、人は容易な（＝期待報酬が高くなる）パスを選ぶ	内発的動機付けは、目標の困難性が一定の最適水準に高まるまで増大する

```
10 hour        5
business
administration
```

▶ 04　人間資源アプローチ

人間はもともと
「怠け者」なのか？

モチベー
ション

人間の本質に挑む実験の数々

　科学的管理法の**テイラー**は、怠業の理由として、実はもう１つ、**自然的怠業**を挙げていました。人間は本能として楽をしたがるから怠業するというのです。ところが、そんなテイラー的人間観を否定する研究が次々と出てきたわけですね。

　たとえば、**マグレガー**は『企業の人間的側面』（1960年）の中で、テイラー的な考え方を**X理論**とし、それに対し、当時新しく出てきた研究蓄積は、生来人間は仕事が嫌いなわけではなく、条件次第で自発的に働くということを明らかにしているとして、それらを**Y理論**と呼びました。

　また、**ハーズバーグ**は面接調査の結果から、達成や仕事そのものや責任は満足をもたらす**動機づけ要因**だが、給料などはもっぱら不満足を予防するための**衛生要因**だとする**動機づけ衛生理論**を提唱します。後に、自著『仕事と人間性』（1966年）では、多くの追試を紹介し、予想と違う結果になったものは３％にも満たないと結論します。

　ちなみに、人間の欲求は最低次の生理的欲求から始まって最高次の自己実現欲求まで５段階に分かれていて、各段階の欲求が満たされるとより高次段階の欲求を欲するようになるという**マズロー**の**欲求段階説**は、「衣食足りて礼節を知る」的な雰囲気があって、いまだに人気ですが、1970年代には科学的に否定されています。

30秒でわかる！ポイント

動機付け衛生理論

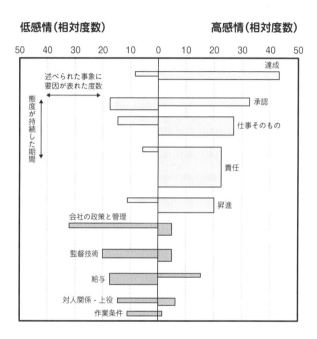

ハーズバーグ他(1959)『働く動機付け』p.81 図1

> 達成、承認、仕事そのもの、責任、昇進は満足をもたらす動機付け要因ですが、給与や作業条件は、不満足を予防するための衛生要因です。

10 hour	
business	**5**
administration	

モチベーション

column

ユダヤ人の
洋服仕立屋

「お金」のインパクトはどれほど強いか

　アメリカ南部の小さな町で、1人のユダヤ人が目抜き通りに小さな洋服仕立屋を開いた。すると少年たちが店先に立って「ユダヤ人！ユダヤ人！」と彼をやじるようになってしまった。困った彼は一計を案じて、ある日彼らに「私をユダヤ人と呼ぶ少年には1ダイム（＝10セント硬貨）を与えることにしよう」と言って、少年たち1人ずつに硬貨を与えた。戦利品に大喜びした少年たちは、次の日もやってきて「ユダヤ人！　ユダヤ人！」と叫び始めたので、彼は「今日は1ニッケル（＝5セント硬貨）しかあげられない」といって、再び少年たちに硬貨を与えた。その次の日も少年たちがやってきて、またやじったので、「これが精一杯だ」といって今度は1ペニー（＝1セント硬貨）を与えた。すると少年たちは、2日前の1/10の額であることに文句を言い、「それじゃあ、あんまりだ」と言ってもう2度と来なくなった。（オースベル『ユダヤ人民間伝承の宝物』〈1948年〉より「応用心理学」。ただし短縮している）

　デシも引用しているこのお話は印象的です。少年たちは、最初は内発的に動機づけられて「仕事それ自体が報酬」だったはずなのに、金が投げ込まれると、金のインパクトが強すぎて、両者の間に割り込んでしまい、「仕事→金→満足」と分離してしまうのです。こうなるともう金のために働くようになってしまいます。そして、金をもらえなくなると働かなくなってしまうのです。

金銭的報酬のインパクトの強さ

(a)内発的動機づけの状態

(b)金銭的報酬が割り込んで回っている状態

(c)金銭的報酬が絶たれて回らなくなった状態

高橋伸夫(2004)『虚妄の成果主義』p.35 図(1-)1

10 hour	
business	**6**
administration	
リーダー	

▶ 01　リーダーシップ論

どんなリーダーが組織をうまく動かせるのか？

専制的なリーダーでも、短期でいいなら業績は上がる

　優れたリーダーとはどんなリーダーか。みんなそんな話が大好きです。戦国時代の武将の話がビジネス誌をにぎわせ、「リーダーシップ論」と称する某大学の人気授業では、経営者を次々と呼んできては、とにかく武勇伝を聴きまくるのだとか。実際、第二次世界大戦の頃までは、**リーダーの資質**が注目されていました。それが1950年代になると、リーダーの資質ではなく、リーダーシップのスタイルを科学的に研究するリーダーシップ論が台頭します。

　アメリカのミシガン大学では、**リッカート**が中心となってリーダーの行動と業績の関係を調べました。その結果、たとえば、**階層統制的**に上下関係でがんがんやれば、短期的に業績は高くなっても、長期では悪化し、不満がたまって人は辞め……。対照的に、**参加的**にやれば、長期的に業績が向上していくことがわかりました。

　アメリカのオハイオ州立大学では、部下の仕事環境を整える**構造づくり**と部下への**配慮**の２次元でリーダーシップをとらえ、両方とも高いリーダーシップ行動がよい結果につながるという、ある意味当たり前のことが分かりました。日本でも三隅二不二が、集団における目標達成や課題解決に関するＰ行動（performance）、集団の維持に関するＭ行動（maintenance）の両方を兼ね備えたリーダーが望ましいとする**ＰＭ理論**を提唱しました。

66

30秒でわかる! ポイント

短期に成果を求められると、X理論の誘惑に負けてしまう

1つの部の4つの課の約200人の事務員(女性)を2課ずつに分けて、1年間実験

		階層統制的プログラム	参加的プログラム
実験内容		意思決定を行う階層レベルを引き上げる	意思決定を行う階層レベルを引き下げ、一般の事務員に意思決定をより行なわせる
実験結果	生産性	参加的プログラム以上に向上	向上
	態度	非好意的になり、自己実現感や上司・会社・職務満足が低下	好意的になり、自己実現感や上司・会社・職務満足が向上
	監督者不在時	仕事がストップしがち	仕事を続けていた
	結婚等以外の理由の離職者	8人	1人

R.リッカート(1961)『経営の行動科学』第5章

10 hour		**6**
business		
administration		
リーダー		

▶ 02　リーダーシップは条件即応

「どんな状況でも
優れたリーダー」は
存在しない

リーダーシップは状況次第

　前項で述べたように、2次元で考えるけど、構造づくりと部下へ
の配慮がどちらも優れているのが望ましい、といったオハイオ研究
的なリーダーシップ論は、リーダーとしてのあるべき資質を問うて
いるのと結局は大差ありません。そんなリーダーシップ研究は、**条
件即応モデル**の登場で一変します。

　フィードラーが『新しい管理者像の探究』（1967年）に到達する
までには、紆余曲折がありました。「最も苦手とする仕事仲間」
（least preferred coworker; **LPC**）についての評価をもとにした
LPC 尺度を使って、自身も含め研究者たちが LPC 得点と集団業績
との関係を探ったのですが、高 LPC リーダーのほうがいいという
結果が出たり、低 LPC リーダーのほうがいいという結果が出たり、
結果が安定しないのです。しかしついに、LPC 得点と集団業績の
関係が、リーダーシップ状況に依存していたことに気付きました。
これが条件即応モデルです。

　つまり、普遍的に優れているリーダーシップの特性やスタイルな
どというものは、実際には存在しなかったのです。あるリーダーは、
ある状況では優れたリーダーでも、別の状況ではそうではなかっ
た。考えてみれば、そんな事例は、歴史上の人物でも、身の回りの
人でも、たくさん見つけることができます。リーダーシップは、微
妙な対人関係の文脈に依存しているのです。

30秒でわかる！ポイント

リーダーシップの条件即応モデル

折れ線はⅠ～Ⅷの各中央値を結んだもの

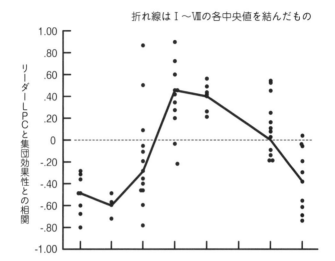

	Ⅰ	Ⅱ	Ⅲ	Ⅳ	Ⅴ	Ⅵ	Ⅶ	Ⅷ
リーダー/成員関係	良い	良い	良い	良い	やや悪い	やや悪い	やや悪い	やや悪い
課題構造度	構造的	構造的	非構造的	非構造的	構造的	構造的	非構造的	非構造的
地位力	強い	弱い	強い	弱い	強い	弱い	強い	弱い

F.E.フィードラー(1967)『新しい管理者像の探究』p.146 図9-1

適切なリーダーシップは状況によって変わります。

10 hour		
business	**6**	
administration		
リーダー		

▶ 03　管理者行動論

リーダーは
どんな仕事を
しているのか？

リーダーはコミュニケーションに時間を割く

　では、実際のリーダーは何をしているのでしょうか？　どんなふうに経営戦略を練り、どんなふうにリーダーシップを発揮しているのでしょう？　その疑問に、ある意味愚直に答えたのが**管理者行動論**です。

　経営戦略論で有名になる前、**ミンツバーグ**は、5人の管理者の1週間を詳細に観察して、『マネジャーの仕事』(1973年) を著しています。すると、1つの仕事にかけられている時間が短く、**断片化**していることがわかりました。デスクワークでも平均たった16分で次の仕事に移ります。電話は平均6分、予定外のミーティングは平均12分、現場観察も平均11分で次の仕事に移ります。

　管理者はコミュニケーションに多くの時間を使っているのですが、どれもが受動的なレスポンスなので、**カールソン**は糸で操られた**パペット**にたとえたほどです。結局、1人オフィスにこもり、じっくり経営戦略を練る……といった管理者はいなかったのです。

　コッターは『ザ・ゼネラル・マネジャー』(1982年) で、事業部長レベルの15人の管理者の活動を調べましたが、やはり人と会って話をすることに多くの時間を使っていました。ただし優秀な管理者は、その中で自らの課題をアジェンダとして描き、会社の内外に協力的な人的ネットワークを構築していたそうです。人脈は大事。

30秒でわかる！ポイント

経営者の対人接触時間の内訳(5週間観察)

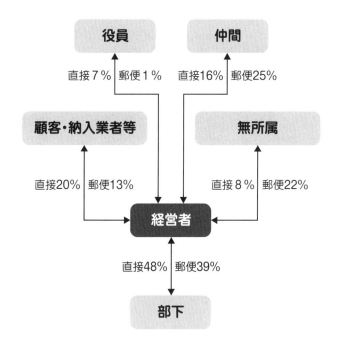

H.ミンツバーグ(1973)『マネジャーの仕事』p.46 図5

> 経営者は部下とのコミュニケーションに多くの時間を割きます。

10 hour	**6**
business	
administration	

リーダー

▶ 04 集団浅慮

赤信号、
みんなで渡れば
怖くない

慎重になり過ぎることもあるが……

　1961年、アメリカのキューバ侵攻作戦が失敗したとき（ピッグス湾事件）、ケネディ大統領は「なぜあんなバカな決定をしてしまったのだろう」とつぶやいたとか。アメリカ大統領という究極のリーダーが、優秀なスタッフをそろえたはずなのに、どうして……。

　リーダーシップ論を含め、実験的手法を導入した**集団力学**では、集団を対象にして、さまざまな実験が行われてきました。その中に、人間は集団になると勢いがつくというものがあります。**リスキー・シフト**といわれますが、いわゆる「赤信号、みんなで渡れば怖くない」的な実験結果です。そのために、本来は「集団思考」と訳すべき groupthink が、「**集団浅慮**」と批判を込めて訳されたりもするわけです。

　ジャニスは『集団浅慮の犠牲者』（1972年）でキューバ侵攻だけではなく、北朝鮮侵攻、真珠湾攻撃、ベトナム戦争における決定を事例として、集団になると誤った決定をする可能性が高くなると警鐘を鳴らしました。

　もっとも、逆に慎重になる**コーシャス・シフト**というのもあり、一筋縄にはいきません。個人レベルでも**トバルスキー**と**カーネマン**の**プロスペクト理論**のように、不確実性が意思決定バイアスをもたらすことが知られているので……、結局、リーダーもふらふらしている？

30秒でわかる! ポイント

ピッグス湾事件とキューバ危機

	経緯
1959年1月	キューバ革命
1960年3月	CIAとアイゼンハワー米大統領がカストロ政権転覆計画を秘密裏に開始
1960年6月	キューバがアメリカの資産の国有化開始
1961年1月3日	アメリカがキューバに国交断絶を通告
1961年1月20日	ケネディ大統領就任 ケネディ大統領はCIAのダレス長官らに説得されて、作戦を承認
1961年4月15日	米空軍の爆撃機がキューバ軍基地を空襲
1961年4月17日	亡命キューバ人部隊1500人がキューバのピッグス湾への上陸を開始するも、20万人のキューバ軍に3日で撃退される
1961年5月1日	キューバのカストロ首相が社会主義革命を宣言
1962年10月	キューバ危機

10 hour		リーダー
business	6	
administration		

column

連結ピン・モデル

「内弁慶」の上司には従えない

　リーダーシップ論のミシガン研究で有名な**リッカート**は、**連結ピン・モデル**を提唱しました。たとえば、社長、部長、課長、平社員の4層からなる会社を考えてみましょう。最下層の集団「課」は、複数の課員と課長で構成されている小さなピラミッド型の集団です。しかし、その1段上にも、複数の課長と部長からなる別の小さなピラミッド型の集団があります。このように、ある集団における長（上司）は、さらに上位の集団においては部下となることで、集団がオーバーラップしている構造をとっているのです。そして、この上位の集団と「課」は、課長が両方の集団に同時に所属することで、まるで「連結ピン」のような役割を果たし、つながっているわけです。

　これが連結ピン・モデルなのですが、さらに奥が深いのは、連結ピンにかかる力を矢印で表していたことです。この矢印の意味するところは「部下に対して効果的な機能を発揮するには、監督者は上司の決定に影響できるくらい十分な影響力を自己の上司に対して持たなければならない」ということだそうです。つまり、各集団を三角形の「板」に見立て、集団の長を板と板をつなぐ連結ピンに見立てれば、この連結ピンにかかる力は釣り合っているはずだという、まさに**集団力学**なのです。要するに、上司を動かせる人になら、部下も従う。上司たるもの「内弁慶」ではダメということですね。

74

連結ピンの機能

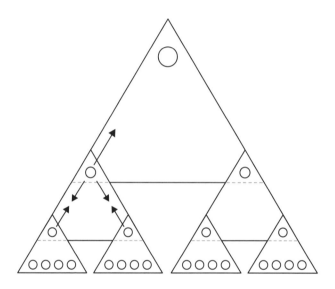

R.リッカート(1961)『経営の行動科学』図8-4

> 各集団の長は上位集団にも所属することで両方の集団をつなぐ連結ピンの役割を果たします。

第 2 部

経営戦略論

【第 2 部で知っておきたい経営用語】

▼多角化

いろいろな事業に進出する戦略。戦略の中でも一番ポピュラーなもの。

▼ PPM

プロダクト・ポートフォリオ・マネジメント。「市場成長率」と「市場シェア」の 2 軸で事業を位置づけ、取捨選択する手法。

▼コア・コンピタンス

他社にはまねできない、自社ならではの中核的な能力。

▼競争戦略の基本 3 戦略

「コスト・リーダーシップ」「差別化」「集中」の 3 つの戦略のこと。これらが競争を勝ち抜くための基本的な考え方となる。

▼ファイブ・フォース・モデル

独占的利益を脅かすのは、①新規参入者の脅威、②代替製品の脅威、③顧客の交渉力、④供給業者の交渉力、⑤競争業者間の敵対関係という 5 つの力であると考える手法。

▼SWOT分析

経営資源を活用するために、企業内部の強み（strengths）・弱み（weaknesses）と、市場環境における機会（opportunities）・脅威（threats）の2面から分析する戦略策定方法。

▼EMS

複数の電機メーカーから「同じような製品」の製造を受託するビジネス。

▼マーケティング・ミックス

市場を攻略するマーケティング・ツールの4P、製品（Product）、価格（Price）、流通（Place）、プロモーション（Promotion）の組み合せ。

▼パレートの法則

2割の優良顧客が、8割の売り上げを生み出すとする法則。

▼多国籍企業

国境を超えた1つの企業グループのこと。本国親会社と海外子会社からなる。

```
10 hour
business      7
administration

経営戦略
```

▶ 01 創発的戦略

仕事を進めながら 現場でひらめいた 戦略

当初の計画ガチガチではない戦略も大事

　リーダーたるもの、計画も立てずに、行き当たりばったりで会社を経営するのは、逆に大変ですよね。毎年だいたい同じ時期に同じようなことをしなくてはならないのに。毎年「去年はどうだったっけ？」の繰り返しでは進歩がありません。

　実際、普通の会社では年間行事表くらいはあるし、3年とか5年とか中長期の経営計画を立てている会社もあります。ただし、およそ計画通りにはいかないというのも世の常。普通にやっているはずなのに遅延したり、途中で頓挫したり、中には「もっといいこと考えついた！」とばかりに計画を変更してしまったりと、計画とは変えるためにあるもの……ですかね。

　今の話を整理するために、ちょっと格好をつけて、最初は**意図された戦略**があったはずだとしましょう。でも計画通りに実現できたのは、その一部。実際に**実現された戦略**を見てみれば、当初から計画されていた**計画的戦略**だけでなく、途中でやりながら考えついた戦略——それを**ミンツバーグ**は**創発的戦略**と呼びました——も取り込まれているはずです。

　格好つけて言えば、計画を厳格に実行することではなく、創発的戦略を含めた戦略的学習のプロセスをマネジメントすることがリーダーの仕事なのです。

30秒でわかる! ポイント

実現された戦略は計画的戦略と創発的戦略をミックスしたもの

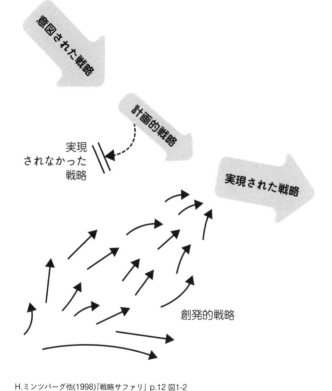

H.ミンツバーグ他(1998)『戦略サファリ』p.12 図1-2

当初の計画通りではない戦略も大切です。

```
10 hour
business      7
administration

経営戦略
```

▶ 02 多角化

いろいろな事業に
進出する戦略

戦略の中でも一番ポピュラー

　戦略という言葉が、経営学の分野で使われるようになったきっか
けは、おそらく多角化の成長戦略でしょう。今でも戦略という言葉
が一番しっくりくる使い方だと思います。ここで**多角化**とは、簡単
に言ってしまえば、1つの会社がいろいろな事業に進出することで
す。

　たとえば、東京の私鉄は鉄道だけではなく、バスもタクシーもデ
パートもホテルも経営しています。大きなメーカーだってそうです。
販売会社、物流会社さらには旅行代理店からタクシー会社までもっ
ているところもあります。メーカーでさえ、「いろいろな製品を作
ること」ではなく、「いろいろな産業に進出すること」が多角化な
のです。

　アンゾフは『企業戦略論』（1965年）で、成長ベクトルを考え、
製品も市場も新規の場合を**多角化**とし、それ以外は**拡大化**と分けて
います。そして多角化をさらに、①水平的多角化、②垂直的統合、
③同心的多角化、④コングロマリット的多角化に分けます。

　アンゾフのイメージしている多角化は、昔の日本企業がよくやっ
ていた**内部展開型**の多角化ではありません。**合併買収**により、他の
会社を吸収したり子会社化したりして進めていく多角化なのです。
そんな中、関連性の低い広範な産業に進出した企業は**コングロマ
リット**と呼ばれ、1960年代以降のアメリカを席巻していきます。

30秒でわかる! ポイント

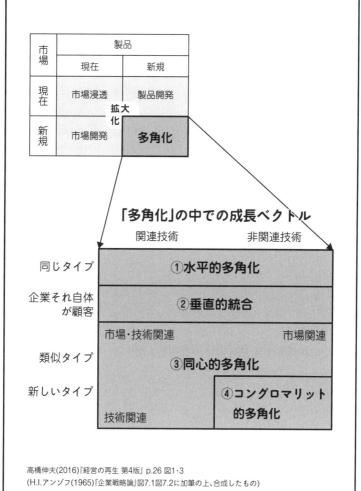

高橋伸夫(2016)『経営の再生 第4版』p.26 図1·3
(H.I.アンゾフ(1965)『企業戦略論』図7.1図7.2に加筆の上、合成したもの)

10 hour	
business	**7**
administration	

経営戦略

▶ 03 シナジー効果

多角化によって生まれる一石二鳥の効果

多角化のメリット

多角化すると何かいいことがあるのでしょうか？　よく言われているのが、**シナジー効果**です。

シナジー効果は**相乗効果**ともよばれ、1＋1＝2ではなく、3にでも4にでもなることを指しています。たとえば、鉄道の会社が、多角化の一環としてバス事業にも進出して、駅から沿線の住宅地へのバス路線を開設すれば、沿線住民にとって、その鉄道の駅は利用しやすくなります。それまで他の鉄道を利用していた人も吸収して、その鉄道路線の利用者は増えるでしょう。さらに長期的には、便利になった鉄道沿線の人口が増えていくので、鉄道もバスも利用者が増えていくはずです。これがシナジー効果です。

それに対し、ある事業で空いた能力を他の事業に回すような場合には、**相補効果**と呼ぶこともあります。ただし、厳密な意味で、相乗効果と相補効果を分けることは難しいでしょうね。たとえば、工場の敷地の空スペースを駐車場にして貸したりする場合でも、一見、相乗効果はなさそうですが、実際には、それまで月に一度のペースでやっていた空き地の草刈作業がいらなくなったり、駐車場を利用する人が工場の売店も利用してくれるようになったり……と、すぐにシナジー効果が発生します。発生しないほうが例外的なので、相補効果は考えなくてもよいかもしれません。

30秒でわかる！ポイント

シナジー効果

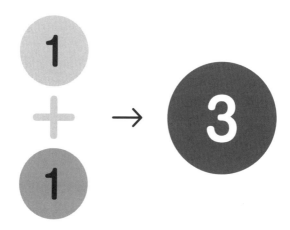

ある工場で製造工程から副産物が生じていたとしましょう。これまでは、しかたないので産業廃棄物として金を払って廃棄処理をしていたのですが、これではもったいない。そこで、この副産物を原材料として新製品を開発して売り出したら、新製品の売上が上乗せされて売上高が増えるだけではなく、これまで廃棄にかかっていたコストもかからなくなり、一石二鳥で利益が出るようになります。これも「もったいない精神」から生まれたシナジー効果です。

Wada,T.(2015). *Mottainai* innovation.
Annals of Business Administrative Science,14, 53-66

10 hour	**7**
business	
administration	

経営戦略

▶ 04　ドミナント・ロジック

多角化するなら
本業に近い分野で

成功したロジックを共有しやすい利点がある

　どのような多角化の仕方が、効果が高いのでしょう？　**ルメルト**は『多角化戦略と経済効果』（1974年）で、まずは専門比率・垂直比率・関連比率を駆使して、専業・本業中心・垂直的統合・関連事業・非関連事業といった**多角化のカテゴリー**に分類することを考えました。その上で業績を比較すると、関連の薄い分野や関連のない分野に進出するよりも、本業に近い所で多角化した方が、業績がよかったことが分かったのです。

　では、なぜそうなるのでしょうか？　それには後に1986年になって**プラハラッド**とベティスが提唱した**ドミナント・ロジック**が関係しているのではないかと考えられています。ドミナント・ロジックとは、一言でいえば「成功の方程式」です。それぞれの組織で、これまでの長い経験の中で、失敗したロジック（考え方）は捨てられてきました。これは**組織学習**の一種で、**アンラーニング**と呼ばれます。このアンラーニングによって、成功したロジックだけが選び抜かれ、組織の中に残っていくわけです。そして組織の中で共有され、支配的なロジックになっていく。それがドミナント・ロジックです。

　たとえ異業種であっても、自分たちの成功の方程式が使えるような事業分野であれば、新規事業進出の成功確率は当然高くなりますね。これも一種の**シナジー効果**です。

30秒でわかる！ポイント

ルメルトの多角化のカテゴリー

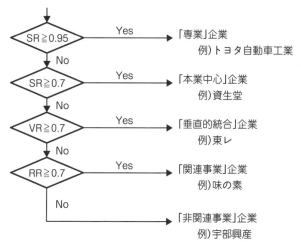

高橋伸夫(2016)『経営の再生 第4版』p.35 図1.4
(R.P.ルメルト(1974)『多角化戦略と経済成果』図1.5を修正したもの)

①専門比率(Specialization Ratio; SR)＝最大の売上規模を持つ単位事業が、企業売上高に占める構成比
②垂直比率(Vertical Ratio; VR)＝垂直的統合という関連を持った単位事業のグループ全体が、企業売上高に占める構成比
③関連比率(Related Ratio; RR)＝技術や市場でなんらかの形で関連している単位事業のグループのうち、最大の売上規模を持つ関連単位事業グループが、企業売上高に占める構成比

10 hour		**経営戦略**
business	7	
administration		**column**

ホンダの
オートバイの対米進出

スーパーカブはなぜ広まったのか？

アメリカのオートバイ市場で、イギリス企業は1959年に49％のシェアを誇っていましたが、1966年には日本のホンダが63％を掌握しました。イギリス政府の依頼を受けたコンサルタント会社はホンダの見事な戦略を報告します。しかしアメリカの経営学者**パスカル**は、ホンダでまったく別の成功物語を聞きます。

1959年夏にホンダの対米進出が始まりますが、オートバイ・シーズン（4〜8月）は終わっていました。それでも頑張って、翌春には40のディーラーに大型マシンを置いてもらいます。しかし日本人と比べアメリカ人は長距離を高速で乗り回すので、次々に故障し始めたのです。

日本では1958年夏に発売した50ccの**スーパーカブ**が大成功を収めていましたが、アメリカにはまったく向いていない製品と思えましたし、欧米メーカーも大型マシンを展開していたので、50ccは市場に出さずに自家用で乗り回していました。しかし大型のバイクの故障で選択の余地がなくなり、50ccを市場に投入します。すると中流階級の人たちが最初はスーパーカブ、後になってホンダの大型のバイクにも乗るようになり、売上が急上昇したのです。

ホンダの日本人マネジャーたちは現場にいました。当初の戦略に固執しない謙虚さを持った彼らが、アメリカ市場での成功を成し遂げたのでした。

ホンダのオートバイの対米進出で
結果的に切り札となったスーパーカブ

7 経営戦略

初代スーパーカブC100（1958年8月発売）

写真提供：本田技研工業株式会社

10 hour		
business	**8**	
administration		

全社戦略

▶ 01　PPM

「市場成長率」 ×「市場シェア」で 事業を取捨選択

選択と集中のためのマトリックス

1960 〜 70年代、**多角化**が注目されたのは、当時アメリカは**合併 買収**ブームで、その主役がコングロマリットだったからです。しか し、関連が低い分野に多角化すれば失敗しやすいし、会社の寄せ集 めに過ぎない持株会社形態では統一的な経営も難しい。

こうした中で、製品系列を整理して、**選択と集中**を行うための分 析ツールとして登場したのが、**プロダクト（製品）・ポートフォリオ・ マネジメント（PPM）**です。2つの経験則

A）市場成長率が高ければ成長についていくために金がかかる が、成長率が下がれば金はかからなくなる。

B）市場シェアが高いほど、量産効果が効いて生産コストが下が るので、利益が出るようになる。

から、市場成長率と市場シェアの高低で2×2の**ポートフォリオ・ マトリックス**を作れば、金の出入りで取捨選択の指針が得られます。

①**金のなる木**：入大・出小なので資金源に

②**花形**：入大・出大で華やか。シェアを維持すれば金のなる木に

③**負け犬**：入小・出小ですでに勝負はついており、売却等で投資を 回収すべし

④**問題児**：入小・出大でこのまま負け犬に転落するか、積極投資で シェアを拡大して花形を目指すか

ただ、実際に PPM を使うのは考えものですね。

30秒でわかる! ポイント

ポートフォリオ・マトリックス

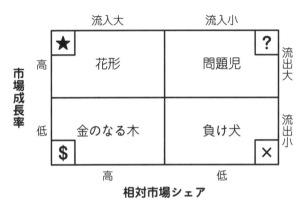

製品系列の取捨選択の指針

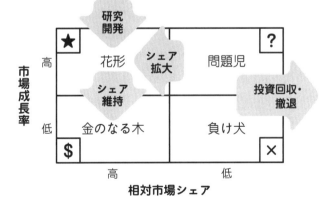

高橋伸夫(2016)『経営の再生 第4版』p.64 図2・4、p.65 図2・5

10 hour	
business	**8**
administration	

全社戦略

▶ 02　ドメイン

事業領域は
自ら定める

自社の「立ち位置」を狭く考えがち

　成長率やシェアを測る「**市場**」とは何でしょう？　実は、客観的には存在しません。たとえば、ビールには発泡酒や第三のビールを含めますか？　チューハイなどと競合しているのでアルコール飲料の方が適切？　ではノンアルコールのビールはどうします？

　実は市場の境界は、会社が主体的・主観的に決めるものなのです。こうした事業領域のことを**ドメイン**といいますが、どうしてもドメインは狭く考えられがちです。それをマーケティング界の大家**レビット**は、**マーケティング近視眼**と呼びました。

　たとえば、かつて独占的利益を享受していたはずのアメリカの鉄道会社です。事業を機能的に「輸送」手段の提供と定義できずに、物理的に「鉄道」と定義してしまったため、事業が陳腐化していきます。自社の事業を人・貨物の輸送だと定義しておけば、鉄道事業自体は衰退しても、航空輸送、トラック輸送への多角化は可能だったはずなのに、近視眼のせいで、できませんでした。

　ただし、ドメインは一度定義したらおしまいというわけではありません。会社の全社戦略にとって、ドメインをどのように再定義していくかが、まさに基本中の基本になります。会社が長期的に存続し成長していくためには、ドメインがある程度の余裕を持った広がりをもっていないといけないのです。**選択と集中**じゃあねぇ……。

30秒でわかる！ポイント

ドメインは再定義していくもの

**コンテナ船と
ガントリー・クレーン**

ダブルスタック・カー

トラック業者だったマルコム・マクリーンは「コンテナ」を発案して、第二次世界大戦中の軍用タンカーを改造して、1956年に初めてコンテナ船を就航させました。マクリーンはさらに1977年に、鉄道車両1両にコンテナを2つ重ねて搭載するダブルスタック・カーを考案し、トレーラー、鉄道車両、船舶を組み合わせて貨物を輸送するインターモーダル輸送を推進しました。

```
10 hour
business      8
administration

全社戦略
```

▶ 03　コア・コンピタンス

他社には
まねできない
自社だけの能力

「硬直化」と背中合わせの発想

　1980年代になると、世界中から日本式の経営が注目されました。欧米企業が、既存事業の中でちまちまと**選択と集中**などと言っている間に、日本企業は、現有能力・資源をはるかに超えた野心的目標を掲げ、能力を鍛えているではないか……とまで評されたのです。

　こうした日本企業の研究をもとにして、『コア・コンピタンス経営』（ハメル＆プラハラッド、1994年）では「顧客に対して、他社にはまねのできない自社ならではの価値を提供する、企業の中核的な能力」を**コア・コンピタンス**と呼びました。そして欧米企業の戦略の発想が事業を単位としているのに対し、日本企業の戦略は、このコア・コンピタンスをベースに発想されていて、これを活用、強化する戦略がとられているとしたのです。

　昔からある日本企業の多角化は内部展開型ですから、コア・コンピタンスの活用・強化を考えていたというのは本当でしょう。合併買収による多角化が基本の欧米企業とは、所詮、戦略の発想の仕方が違います。

　ただ、「これぞわが社のコア・コンピタンス」としがみつけば、硬直化するのが普通です。殻にしがみついているとジリ貧に陥ります。21世紀初頭の日本の電機メーカーの体たらくを見ていると、なんだか余計なことを言ってくれたなという気がするのは私だけでしょうか。

30秒でわかる! ポイント

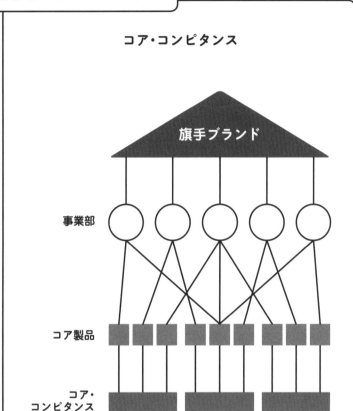

G.ハメル＝C.K.プラハラード(1994)『コア・コンピタンス経営』図11-1

> コア・コンピタンスは大きな強みもありますが、既存のコア・コンピタンスにしがみつくことになるので、硬直化と背中合わせです。

10 hour	
business	**8**
administration	
全社戦略	

▶ 04　戦略的提携

「内部展開」と
「合併買収」の
いいとこどり？

ライバル会社同士の意外な提携も

　ここまで何度か、**内部展開**と**合併買収**を対比して使ってきましたが、実際にはその中間型もあります。いわゆる**提携**です。たとえば**ジョイント・ベンチャー**、略して「ジョイベン」などという言い方もしますが、**合弁**企業を共同で設立するようなケース。あるいは、他社でも製品の製造・販売ができるように、特許等の使用許諾を与える**ライセンシング**、**クロス・ライセンシング**。そして、相手方のブランドの製品を生産し供給する **OEM** なども提携です。

　提携自体は、別に珍しいことではないのですが、1980年代以降、意外なライバル同士が突如、提携を発表して、世間を驚かすようなことが増えました。「左手で握手しながら右手で殴り合う」ともたとえられ、『戦略サファリ』（ミンツバーグ他、1998年）で「結局、他のドメインでは競合相手となる」と評されます。常識的には、なぜ提携するのか理解できないので、おそらく高度に政治的な判断があってのことだろう……ということで、**戦略的提携**と呼ばれるようになりました。

　とはいえ、このケースではそもそも提携する理由が希薄なので、成功は難しいのです。にもかかわらず、意外性があるほどマスコミ的にはウケるので、ニュースとして報道されることで株価も一時的であれ反応してしまいます。

30秒でわかる！ ポイント

戦略的提携

戦略的提携の種類
コラボレーション広告
研究開発のパートナーシップ
リース・サービス契約
流通チャネルの共有
技術移転
共同入札
クロス・マニュファクチュアリング
資源開発の起業化
政府と産業界のパートナーシップ
合弁スピンオフ
クロス・ライセンシング

H.ミンツバーグ他(1998)『戦略サファリ』p.257 表8-1
Pekar, P., & Allio, A. G. (1994). Making alliance work:
Guidelines for success. *Long Range Planning*, 27(4), 54-65, p.56: Table 1.

8

全社戦略

10 hour		全社戦略
business	**8**	
administration		

column

アサヒビール物語

「負け犬」の大逆転

　1987年、私は大学で経営学を教え始めました。当時流行り始めた **PPM**（88ページ参照）も教えたくて、日本の事例としてビール業界を取り上げました。当時、キリンが長年市場シェア60%前後をキープしていて、ガリバー支配の典型例として経済学の教科書でも取り上げていたほどでした。それに対してアサヒは低迷し、シェア10%前後で人員整理までしていました。PPMでも負け犬で、私は自信をもって、撤退した方がいいとまで講義していたほどです。

　ところが悲運（？）にも、その年スーパードライが発売になり、1989年にはアサヒのシェアは24.9%にまでなります。大恥ですよ。とはいえ、1990年にはドライのブームも終わり、「アサヒの奇跡の終焉」とまで言われたのですが。

　そして1997年2月上旬の研究会でアサヒの人に「そろそろキリンを抜きますとでも言ってみたら？」とふると、「だから素人は困る。キリンがどんなに強いか知らないんだ。今ウチは設備が余って財務的に苦しいのに、それどころではない」と馬鹿にされました。ところが翌週2月15日、全国紙朝刊1面トップ記事はどこも「1月アサヒが44年ぶりにキリンを抜く」ですよ。びっくりです。アサヒ社内も大騒ぎだったとか。理由はともかく、それでアサヒは息を吹き返し、翌1998年には年間出荷量でキリンを抜きます。

　PPMって何だったの？

アサヒ、キリン抜き首位

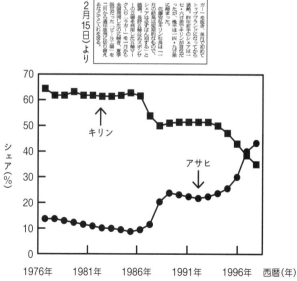

日本経済新聞（1997年2月15日）より

```
10 hour
business      9
administration

競争戦略
```

▶ 01　基本3戦略

競争を勝ち抜く
基本的な考え方

「コスト・リーダーシップ」「差別化」「集中」

　アメリカの経営学者**ポーター**は『競争の戦略』（1980年）の中で、とるべき基本戦略として、

　①コスト・リーダーシップ戦略、②差別化戦略、③集中戦略

の3つを挙げ、使い分けるように主張しています。

　戦略ターゲットが特定セグメントだけであれば、特定の品種・買い手・地域に絞り込んだ③**集中戦略**をとるべきだとしますが、トートロジーですね。

　戦略ターゲットが業界全体のときは、たとえば、業界内で最も低いコストを実現できれば、他社よりも高い利益率を上げることもできるし、他社よりも低価格で売りさばいて、他社を市場から駆逐することもできます。これが、①**コスト・リーダーシップ戦略**です。

　ではどうやってコストを下げるのか？　生産効率のよい設備を積極的に建設し、がむしゃらに量産することでコスト削減を図るというのも手ですが、それだけでは足りません。零細な顧客との取引は切り捨て、研究開発・サービス・販売・広告などのコストを最小限に切り詰めるのだそうです。なんだかやり過ぎのような気がしますが……。しかし、そもそも基本戦略は、どれか1つを選んで成功させないと、利益は上がらないとされているのですね。

　②差別化戦略については次項で紹介します。

30秒でわかる！ポイント

競争戦略の基本3戦略

		戦略的優位	
		顧客が知覚するユニークさ	低コスト
戦略ターゲット	業界全体	②差別化	①コスト・リーダーシップ
	特定セグメントのみ	③集中	

M.E.ポーター(1980)『競争の戦略』p.39 図2-1

→ マイケル・ポーター（1947-）

アメリカの経営学者。ファイブフォース分析やバリュー・チェーンなど、多くの経営理論を提唱した。今なお戦略思想の第一人者として君臨している。

10 hour	**9**
business	
administration	

競争戦略

▶ 02　スタック・イン・ザ・ミドル

コスト・リーダーシップと差別化は両立しない？

現在は二兎を追って二兎とも得られてしまう……

　戦略ターゲットが業界全体のときは、前項で紹介した基本戦略のうち②**差別化戦略**をとるべきだといいます。たとえばトヨタ自動車だと、もともと高品質で差別化しているのですが、さらにレクサスだと高級ブランド・イメージで差別化しているし、プリウスだとハイブリッド技術で差別化しています。

　このように複数の面で差別化するのがよいといわれているのですが、業界の中でも特異だと見られる何かを創造しようとするのが差別化戦略です。もっとも、トヨタに当初からそのような戦略的意図があったかどうかは、わかりません。

　ただし、②差別化戦略は、やるのであれば金がかかります。研究開発はしなければいけないし、サービス・販売・広告にも手は抜けません。そのため、②は①コスト・リーダーシップ戦略とは相いれません。①②を同時に追求すると「二兎を追う者は一兎をも得ず」に終わります。これを**スタック・イン・ザ・ミドル**と言います。要するにどっちつかずだと失敗しますよというわけです。

　もっとも、「あれれ、トヨタって、①コスト・リーダーのはずなのに、なぜ②差別化戦略で成功しているの？」と思うのは私だけでないはずです。そうなんです。実は今では、①と②は両立するのではと言われています。机上の戦略論だったとでも言いましょうか……。

100

30秒でわかる！ポイント

スタック・イン・ザ・ミドル

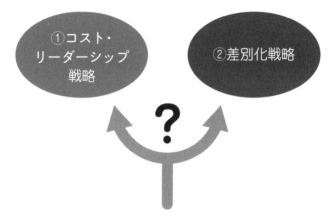

① コスト・リーダーシップ戦略

② 差別化戦略

二兎を追う者は一兎をも得ず

とはいえ、「安くて差別化した製品」を作れば、それが最強なのでは？

10 hour	
business	**9**
administration	

競争戦略

▶ 03 模倣戦略

「まね」も
立派な戦略だ

模倣を防ぐ法的手段も整備されている

　業界の先頭を走っている企業は格好いいですね。先手必勝とはいいますが、そもそも**先発の優位**はありえるのでしょうか。むしろ後発企業の方が、先発企業が苦労して開拓した市場に、宣伝費やインフラ整備費をかけずにただ乗りできるし、最初の頃はバラバラだった規格や仕様が統一されてから投資した方が、投資効率もいいはずです。これを**後発の優位**といいます。

『創造的模倣戦略』（シュナース、1994年）は**模倣戦略**を唱えます。先端企業のマイクロソフト社だって、OSもワープロ・ソフトも表計算ソフトもみんなパイオニア企業の模倣じゃないか……といった感じで、ちょっと記述はいい加減で間違いもありますが、後発企業が模倣戦略をとることで成功した事例が満載です。

　実際、模倣する側の後発企業は、後発の優位を活かした低コスト・低価格を武器に、98ページで紹介した①**コスト・リーダーシップ戦略**で先発企業を出し抜くのです。日本では模倣戦略のことを**同質化戦略**ということもありますが、同質化により、競争の軸を価格のみに収斂させていくわけですから、同質化戦略と①コスト・リーダーシップ戦略は表裏一体といえます。

　とはいえ、そうやすやすと模倣されていては、研究開発をしても、利益はさっぱり出ませんよね。模倣を防ぐための法的手段も考えないといけません。

30秒でわかる! ポイント

模倣戦略

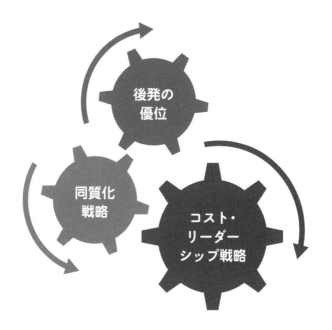

(1) 後発の優位を活かした低コスト・低価格が武器
(2) 同質化により、競争の軸を価格のみに収斂させる
(3) コスト・リーダーシップ戦略で先発企業を出し抜く

10 hour
business **9**
administration

競争戦略

▶ 04　知財戦略

特許から生じる利益を「広く浅く」得る

ありとあらゆる手段で利益を上げる

　模倣を防ぐ法的手段としては、**特許権**、**著作権**、**商標権**といった**知的財産権**があります。こうした知的財産権の実施許諾契約・使用許諾契約は**ライセンス契約**と呼ばれますが、技術移転、営業秘密の開示を含む契約や図面等の技術資料の取引なども含まれます。特許が切れた後も、図面については金をとるのはありなのです。

　しかも、契約だけで権利を守れると考える甘ちゃんは実務の世界にはいないでしょう。本当に重要な技術であれば100％子会社にすべきですし、それが無理でも提携先に資本参加して取締役や人も出して権利を守るべきです。

　提携という大きな枠組みで考えたとき、特許から生じる利益の回収方法は実に多様です。**ロイヤルティー**（使用料）は、その１つにしかすぎません。たとえば、技術指導料をとる。供給する設備や部品の価格に上乗せする。出資している場合には、株式配当としてもらう。人を出している場合には、その人の人件費を出してもらう。とにかく、ありとあらゆる手段を使って、広く浅く利益を回収していくのが、賢いやり方です。

　互いに許諾し合う場合には**クロス・ライセンス契約**といいますが、ロイヤルティーは相殺されて、ほとんどゼロの場合も多く、実態は、互いに「特許権侵害を訴えたりしませんよ」という相互不可侵条約みたいなものです。

30秒でわかる！ ポイント

知的財産権

知的財産権の種類		技術型	非技術型	法律
特許権	特許権者に発明を実施する権利を与え、発明を保護する	○		特許法
実用新案権	物品の形状等にかかわる考案を保護する	○		実用新案法
意匠権	工業デザインを保護する		○	意匠法
商標権	商標に化体した業務上の信用力を保護する		○	商標法
著作権	思想・感情の創作的表現を保護する（複製権、上演権、演奏権、上映権、公衆送信権、口述権、展示権、頒布権、譲渡権、貸与権、翻訳権、翻案権が支分権としてある）	プログラム	プログラム以外	著作権法
著作隣接権	実演、レコード、放送、有線放送を保護する		○	著作権法
回路配置利用権	半導体回路配置を保護する	○		半導体回路配置保護法
育成者権	種苗の品種を保護する		○	種苗法

9

競争戦略

column

10 hour business administration 9　競争戦略

大学の知財戦略

「売れない特許」がなぜ増える？

　日本の主要な大学には**技術移転機関**（technology licensing organization; **TLO**）が設けられています。この TLO の源流はアメリカの大学の技術移転機関ですが、中でも経済的に成功している大学のモデルは「**マーケティング・モデル**」と呼ばれています。分かりやすくいえば、よい技術を最も広く事業化してくれそうなライセンシー候補企業を探してきて、狙い撃ちして売るというものです。ライフルショット・マーケティングとも呼ばれます。

　ただし、注意しなくてはならないのは、特許を取得するという行為は、創造や発明をビジネスとして扱う行為に他ならないということです。ライセンス供与をするにしろ、自分で製品化して他人に使わせないようにするにしろ、そこにビジネス・チャンスを作り出すために特許は取得されます。しかし、それ以上のものではありません。特許取得自体は名誉でもありません。

　にもかかわらず、特許の取得自体が目的化する傾向があり、研究業績と勘違いしている人も多いのです。そうなると、ますます売れない特許、**未利用特許**が増えてしまうわけです。かくして、TLOの腕利き担当者の口癖、「先生、『大きな需要が見込まれる』ではなくて、『誰が』買ってくれそうなのかを教えてください。そしたら私が今すぐにでも飛んで行って売ってきますから」。

教育機関(大学等)・TLO等の国内における特許権所有件数およびその未利用率の推移

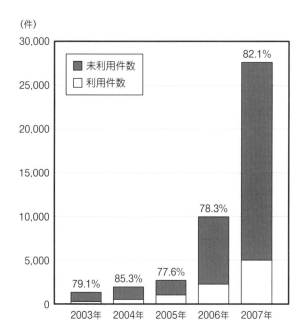

文部科学省「研究成果をイノベーション創出につなげる」『産学官連携ジャーナル』
2010年3月特別号
https://sangakukan.jp/journal/journal_contents/2010/03_zoukan/articles/
1003z-02-1/1003z-02-1_article.html

10 hour	
business	**10**
administration	

事業戦略

▶ 01　ファイブ・フォース・モデル

独占的利益を
脅かす５つの力

敵対関係を５つの力で表現

　レントはもともと地代のことですが、地主が土地を持っているだけで、働かなくても入ってくる不労所得のようなイメージから転じて、経営戦略論では、普通以上に得られる利益率のことをレントといいます。

　経済学ではレントの源泉は市場です。**ポーター**も市場での独占・寡占による**独占のレント**から発想した戦略モデルを展開しました。市場で集中が進むと、独占企業は生産量を減らして品薄状態を作り出し、意図的に価格を吊り上げることで利益を上げることができます。この独占のレントを脅かす新たな敵対関係を①新規参入者の脅威、②代替製品の脅威、③顧客の交渉力、④供給業者の交渉力、⑤競争業者間の敵対関係、の５つの力で表現したのが**ファイブ・フォース・モデル**と呼ばれるものです。

　価格を吊り上げて利益を出すために業界分析をすべし……に抵抗を感じるのは私だけでしょうかね。幸い現実は違ったようです。アメリカの経済学者**デムセッツ**は、一見すると独占のレントが発生しているように見えていたデータが、注意深く分析すると、実は因果関係が逆で、高効率で低コストの企業が市場シェアを伸ばしたことで産業の集中が進んでいたことを明らかにします。そしてレントの源泉を企業自身に求め、希少価値のある資源を保有することから生まれるレントを**リカードのレント**と呼んだのです。

30秒でわかる! ポイント

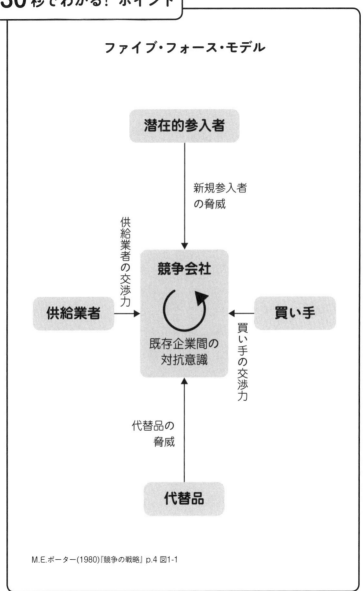

M.E.ポーター(1980)『競争の戦略』p.4 図1-1

10 hour business administration

10

事業戦略

▶ 02　資源ベース理論

自社内部にあった
競争優位の源泉

異質性と隔離メカニズム

　1980年代に登場した**資源ベース理論（RBV）は、リカードのレント**が発生するメカニズムを明らかにしました。まずは、レントを生み出す資源のユニークさ、①**異質性**が必要です。たとえば、青色LEDの開発に成功した日亜化学を例に説明してみましょう。蛍光体メーカーならではのユニークさです。それまで誰もが、光の3原色で「赤＋緑＋青＝白」だと思いこんでいました。それを「赤＋緑＝黄」なので「黄＋青＝白」、つまり青色LEDと黄色に発光する蛍光体だけで白色にしたのです。LED3色ではなく青色LEDだけで済む低電力の**白色LED**はカラー液晶携帯電話のバックライトとして爆発的に売れ始めます。

　こうした異質性を持続させるためは、**隔離メカニズム**が必要になります。もちろん多くの特許やノウハウで固めた②**模倣不可能性**は重要です。しかし、それよりも功を奏したのは、クリーン・ルームを完備した工場の建物だけを先に作っておいたことでした。工場建設には時間がかかるので、この③**競争の事前制限**のおかげで、爆発的に伸びる需要を一手に引き受けることができました。しかも、青色LEDチップの製造装置は自製していたので、製造装置に④**取引不可能性**もあったのです。

　この①②③④が**競争優位の隅石**（右図参照）となって、日亜化学に高いレントを発生させたのです。

30秒でわかる！ ポイント

資源ベース理論における
競争優位の隕石の例

①異質性
青色LED＋
黄色に発光する蛍光体

②模倣不可能性
多くの特許とノウハウ

競争優位

③競争の事前制限
クリーン・ルーム
完備の工場

④取引不可能性
青色LEDチップ
製造装置の自製

高橋伸夫(2015)『経営学で考える』p.22 図(1-)1

10

事業戦略

4つの性質が、競争優位を支えます。

10 hour	10
business	
administration	
事業戦略	

▶ 03　強み・弱みの分析

競争優位を
見極めるための
自社分析

企業を「活動の塊」と見るか、「資源の塊」と見るか

経営戦略論では、1970年代くらいから、企業内部の強み（Strengths）・弱み（Weaknesses）と、市場環境における機会（Opportunities）・脅威（Threats）の適合という視点から、競争優位獲得を分析する**SWOT分析**があったようです。

このうち、企業内部の強み・弱みを見る場合、企業を活動の塊と見るか、資源の塊として見るかで立場が分かれます。**ポーター**は『競争優位の戦略』（1985年）で個別事業単位を活動に分解して**価値連鎖**を考えました。

価値連鎖を使って強み・弱みを表現した例としては、**スマイル・カーブ**があります（125ページ参照）。横軸に価値連鎖をとり、縦軸に付加価値額をとると、価値連鎖の両端にある製品企画開発／アフターサービスよりも、中央の製造の方が収益性は低く、笑った口の形（U字型）になるということを表したカーブ（曲線）です。

それに対して、『企業戦略論』（バーニー、1997年）では、**資源ベース理論**に基づいて、資源が競争優位をもたらすかどうかに関する①経済価値（value）、②希少性（rarity）、③模倣可能性（imitability）に関する問いに加えて、④組織（organization）に関する問いの4つの問いに答えることで、資源の視点で強み・弱みを分析しようという**VRIOフレームワーク**を提唱します。

112

30秒でわかる！ポイント

価値連鎖の例

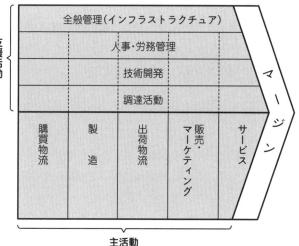

M.E.ポーター(1985)『競争優位の戦略』(1985年) p.37 図2-2

> ポーターは企業を「活動の塊」と見ました。

10 hour
business —10
administration

事業戦略

▶ 04 製品ライフ・サイクル

製品の一生を
3つのステージで
表す

すべての製品が成熟し、衰退する？

製品にも人と同じような一生があり、**導入期→成長期→成熟期・衰退期**というステージがあるというのが、製品ライフ・サイクルの考え方です。今ではほとんど見かけないレコード、テープ・レコーダー、ブラウン管式テレビ等々、製品としての一生を終えた製品たちを懐かしく思うはずです。

導入期には宣伝教育費も含めて創業者的な先行投資が必要ですが、成長期になるとどんどん設備投資が必要になり、マーケティング費用もかかります。しかし成熟期に入ると、減耗や破損を補う程度の投資で済むようになります。**PPM**（88ページ参照）の**成長率**と金の関係は、実はここから出てきた経験則だったのです。

ただし、すべての製品が成熟し、やがて衰退するというのは本当でしょうか？　たとえば、鉄や石油にライフ・サイクルはありますかね？　さらにいうと、一度成熟したはずの製品がさらにもう一回りサイクルを回り始めることもありそうです。ハーバード・ビジネススクールの**アバナシー**たちは『インダストリアル・ルネサンス』（1983年）で**脱成熟化**を唱えました。たとえば自動車は、T型フォードの時代で一度成熟し、次に「走るリビング・ルーム」の時代、さらに石油ショック後の日本車の時代と何度もサイクルが回っているというのです。

30秒でわかる! ポイント

製品ライフ・サイクル

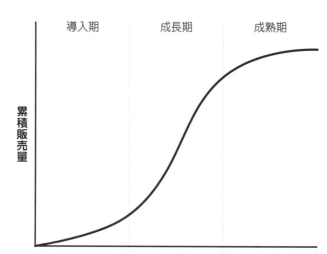

	導入期	成長期	成熟期
市場成長率	**高い** ・製品を市場に紹介	**高い** ・市場拡大	**低い** ・市場成長率鈍化
資金需要	**大きい** ・創業者的な先行投資 ・通常の営業費に加えて、研究開発費、宣伝教育費	**大きい** ・市場シェア確保のため市場成長率以上の成長維持 ・設備投資、運転資金、マーケティング費用	**小さい** ・市場シェアが固定化、生産量の維持 ・減耗や破損を補う減価償却分の投資

10 事業戦略

column

事業戦略

青色LED訴訟

発明の「科学的価値」と「金銭的価値」

2014年のノーベル物理学賞は、青色LEDを開発した赤崎勇、天野浩、中村修二の3教授に贈られました。その10年前、中村氏が元勤務先の日亜化学を提訴した青色LED訴訟は大きな社会的関心を集めました。

2004年1月の一審の東京地方裁判所の判決では、発明対価をなんと604億円と算定し、中村氏が請求していた200億円全額の支払いを日亜化学に命じました。ライセンシング・ビジネスの世界の相場観からすると「ありえない」金額でした。

私も日亜化学側から意見書を提出していた東京高等裁判所の控訴審は、日亜化学側が中村氏に、発明対価約6億円を含む計約8億4000万円を支払うことで2005年1月に和解しました。この和解金額6億円は中村氏のすべての職務発明等に対する相当の対価を含んだもので、もともと裁判の対象だった特許だけであれば最大に見積もっても1000万円程度にしかなりませんでした。

発明の科学的価値と金銭的価値はまったく別のお話です。青色LEDが事業として成功したのは日亜化学の経営努力のおかげでした。ノーベル賞級の特許があっても成功しないことが多いのです。実際、イギリスEMIの**ハウンスフィールド**はCTスキャナを発明し、1979年にノーベル生理学・医学賞を受賞しましたが、皮肉なことに、その年、EMIはCT市場から敗退してしまいます。

青色LED訴訟の流れ

2001年8月	青色LEDの発明対価をめぐって、発明者の中村修二氏が、元勤務先の日亜化学工業株式会社を相手に提訴 ・ 特許番号2628404号「窒素化合物半導体結晶膜の成長方法」(「404特許」)
2004年1月30日	東京地方裁判所の判決 ・ 青色LEDの発明による日亜化学の独占利益を1208億円 ・ 中村氏の貢献度を50%として、発明対価を604億円と算定 ・ 中村氏が請求していた200億円全額の支払いを日亜化学に命じる 日亜化学が控訴/ 中村氏側も請求額を1億円上乗せして控訴
2005年1月11日	東京高等裁判所の控訴審で和解成立 ・ 発明対価約6億円を含む計約8億4000万円を支払う ・ 404特許だけではなく、中村氏が単独または共同発明者となっているすべての職務発明等(国内の登録特許191件、登録実用新案4件、特許出願112件、これらに対応する外国特許及び外国特許出願にかかる発明ならびに特許出願されずノウハウのまま秘匿された発明を含む)に対する相当の対価

高橋伸夫(2015)『経営学で考える』pp.1-3

10 hour	
business	**11**
administration	

アウト
ソーシング

▶ 01　系列取引

長期の安定的な取引を前提とした協力関係

自動車産業で多く見られる

　日本の企業間取引は、長期継続的で安定的だとよくいわれます。それは最初の頃、多くの研究者が、日本の自動車メーカーと部品メーカーの間の**系列取引**を研究していたからです。

　実際、トヨタ生産方式とも呼ばれる**ジャスト・イン・タイム（JIT）**では、後工程で使った部品の量だけを前工程で生産する**かんばん方式**がとられます。この JIT を基礎にしたフレキシブルな生産システムは、長期継続的で安定的な取引関係を前提にした部品メーカーの協力なくしては成立しません。

　さらに、部品メーカーはただ図面を与えられて部品の製造だけを行う（これを**貸与図方式**といいます）だけではなく、部品の開発作業の一部も担当するという**承認図方式**も広く採用されています。部品メーカー側のエンジニアが自動車メーカーの社内に常駐して、自動車の開発・改良に協力するという**ゲスト・エンジニア制**を導入している所まであります。

　ただし現実は厳しく、そんな日本の自動車産業ですら、実は部品メーカーの多くが長年にわたって選別・淘汰されてきました。たまたま現時点の部品メーカーを観察すれば、長期継続的で安定的なところばかりだというだけです。他の産業では、それすら保証の限りではありません。

30秒でわかる！ポイント

サプライヤー・システムのイメージ

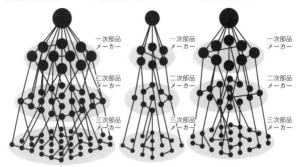

先発自動車組み立てメーカーA　後発自動車組み立てメーカーB　先発自動車組み立てメーカーC

一次部品メーカー
二次部品メーカー
三次部品メーカー

サプライヤー・システムの実際

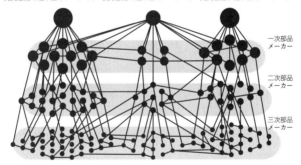

先発自動車組み立てメーカーA　後発自動車組み立てメーカーB　先発自動車組み立てメーカーC

一次部品メーカー
二次部品メーカー
三次部品メーカー

山田耕嗣(1999)「継続的取引とエコロジカル・アプローチ」高橋伸夫編著『生存と多様性』p.113図1・p.119図2

> イメージでは個々のメーカーが独立していますが、実際には他社の系列との関係性を持ちやすいのです。

10 hour	
business	**11**
administration	

アウト
ソーシング

▶ **02　製品アーキテクチャ**

製品の「機能」をどう組み立てるか？

モジュラー型かインテグラル型か

「アーキテクチャ」といえば、コンピュータを連想しますが、経営学の世界では、**製品アーキテクチャ**という独特な使い方をします。これは、製品全体の機能を各コンポーネントにどう配分し、コンポーネント間のインターフェースをどう設計するのかという設計思想のことです。

たとえば、一般的には境界面を意味する**インターフェース**は、製品アーキテクチャにおいては、コンポーネント間をつないで、信号や動力をやりとりしている連結部分を指します。パソコン周りのコネクターの類いが典型例で、USB のようにインターフェースが共通化されていれば、さまざまなメーカーのプリンタ、スキャナ、ハードディスク等々をパソコンにつなぐことができます。

このようにインターフェースが標準化されていて、しかもシステムの機能が「印刷機能はプリンタ」「画像読み取り機能はスキャナ」「入力機能はキーボード」というように各コンポーネントに 1 対 1 に配分されていれば、アーキテクチャは**モジュラー型**と呼ばれます。

それに対して、自動車のように、製品の機能が複数のコンポーネントにまたがって、複雑に配分されていたり、インターフェースが標準化されていなかったりする場合には、**インテグラル型**と呼ばれます。

30秒でわかる！ポイント

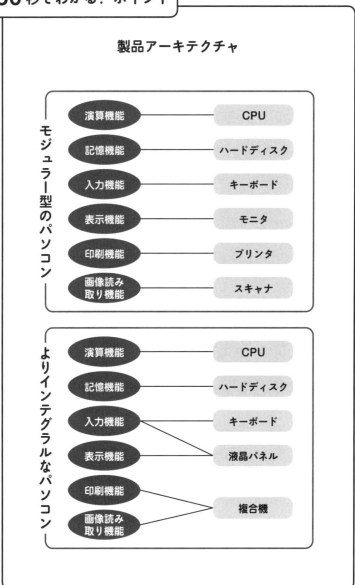

10 hour	
business	**11**
administration	

アウト
ソーシング

▶ 03　モジュール化

ある程度
汎用的な部品の
塊を作る

技術革新のきっかけになることも多い

　前項で言及したモジュラー型では、コンポーネント間の相互依存性が低くなっています。こうした独立性・自律性の高いコンポーネントは**モジュール**と呼ばれます。各モジュールは他のモジュールと調整せずに独立に設計することができるので、製品開発の分業が可能になります。そのため、その気になれば、他を気にせず、そのモジュールだけをどんどん改良したり、高性能にしたりすることも可能です。こうして、製品アーキテクチャがよりモジュラー型になると、各コンポーネントの技術革新を促進することが多いのです。

　こうして**モジュール化**が進むと、自社で全部のモジュールを開発・製造することはやめにして、特定のモジュールに活動を絞り込んで特化し、それ以外は市場から調達してしまったほうが、得策に思えます。

　ところが、相互依存性が低くなっているとはいえ、ゼロではないので、各モジュールで要素技術の技術革新が急速に進むと、どこかの段階で、急にモジュール間の調整が必要になります。つまり、一気にインテグラル型に戻るのです。このときは、いろいろな要素技術の相互作用に関する知識が必要になるので、それまでモジュラー型の製品アーキテクチャの利益を享受して各モジュールに特化してしまったような企業ではお手上げになります。これを**モジュラリティの罠**と呼びます。

30秒でわかる！ポイント

モジュール化が可能にした受注生産のニュータイプ

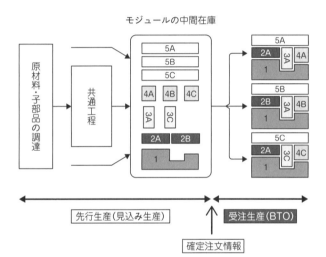

近能善範・高井文子(2010)『コア・テキスト イノベーション・マネジメント』p.206 図8.4

① ある程度の汎用性を残したモジュール(中間製品)を見込み生産して中間在庫として持ちます。
② 顧客から注文があった段階で、注文に応じてモジュールを組み合せて最終製品に組み立てます。

```
10 hour
business
administration

11

▶ 04  EMS
```

アウト
ソーシング

複数メーカーから「同じような製品」の製造を受託する

さまざまなリスクを抑えられる

日産自動車の軽自動車は、実は三菱自動車が生産していた……というように、相手先ブランド（たとえば日産）による製品供給を目的とする製造受託のことを **OEM**（Original Equipment Manufacturing）といいます。三菱自動車は三菱ブランドの自動車ももちろん売っていました。

ところが、1990年代以降、自社ブランドを持たない会社が、製造受託専業で事業を拡大していきました。特にエレクトロニクス産業では顕著で、複数の電機メーカーから、同種の電子機器などの製造を一括して受託するビジネスが伸び始めます。これが **EMS**（Electronics Manufacturing Service）です。

エレクトロニクス産業では、製品アーキテクチャがより**モジュラー型**になったことで、主要部品に特化した専業部品メーカーが技術革新をしやすくなり、陳腐化が早まりました。そのため、なるべく市販の共通部品を使うことにすれば、部品の大量発注・大量購買で、最先端の部品を安く調達することができるわけです。しかも供給先同士がライバル関係にあり、勝った負けたを繰り返していても、供給量全体が安定していれば、工場の稼働率を維持できます。

アメリカでは、製造部門を持たないベンチャーの起業は、最初からEMSへの製造のアウトソーシングが前提になっていました。つまり起業のインフラだったのです。

124

30秒でわかる！ポイント

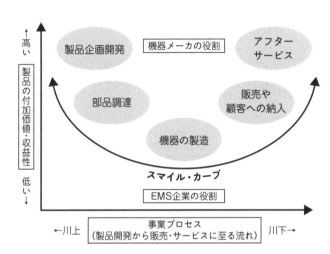

『平成24年版 情報通信白書』図表1-3-3-15
http://www.soumu.go.jp/johotsusintokei/whitepaper/ja/h24/html/nc113330.html

スマイルカーブ(価値連鎖の中で、両端にある製品企画開発／アフターサービスよりも、中央に位置する機器の製造などの方が付加価値(収益性)が低い)に従い、先進国企業は、収益性の低い部門をEMS(Electronics Manufacturing Service)により海外にアウトソーシングする一方で、経営資源を製品企画開発やアフターサービスなど、自社の重点分野や得意分野に経営資源を集中させる例が増加しました。これが、アジアが「世界の工場」となっている背景の一つといわれます。

```
10 hour ──11 アウトソーシング
business
administration
```

column

超企業組織

企業は「組織」ではない!?

某社の本社ビル。受付嬢は会社の顔ですが、その多くは人材派遣会社からの派遣社員です。本社ビルの奥の奥、セキュリティー管理の厳しいコンピュータ・ルームで忙しそうに働いているシステムエンジニアやオペレーターなどの多くも、実はコンピュータ会社の人間です。

家電量販店の店員の多くも、実はそこの従業員ではなく、メーカーから派遣されてきた人たちです。総合スーパーの中には、大学を卒業したてで初々しさの残るフロアマネジャーだけがフロア唯一の正社員で、あとの店員はみんな、派遣社員、パート、アルバイトだという会社まであります。

工場の中では、1つの生産ラインに何社もの下請企業の従業員が張り付いて仕事をしていることもあります。これを「内注」と呼んでいる会社もありますが、**アベグレン**の『日本の経営』(1958年)によると、すでに1955〜56年頃には見られた光景でした。

どの場合でも、実態として複数の企業が1つの組織として機能している「企業の境界を超えた組織」、まさに**超企業組織**なのです。企業はもともと制度であり、境界、あるいは仕切りの概念なので、組織とは違う概念なのです。アウトソーシングが流行り始める以前から、日本では超企業組織が当たり前に存在していたのです。

超企業組織
ネットワークとしての組織・境界としての企業

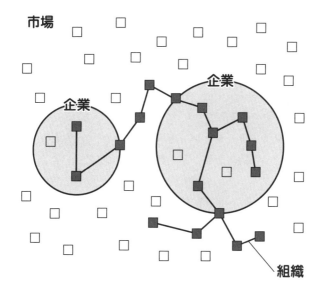

高橋伸夫(2016)『経営の再生 第4版』p.317 図8·5

10 hour	
business	**12**
administration	

マーケ
ティング

▶ 01　STP

細分化して
絞り込んで
位置付ける

マーケティングは3段階で考える

　商品やサービスのマーケティング計画の基本は、要は、市場をセグメントに細分化し（Segmentation）、その中からターゲットを絞り込み（Targeting）、そのターゲットのニーズに適合するように位置付ける（Positioning）ことである……と言ったら言い過ぎでしょうか。これが **STP** です。

　まずSの**セグメンテーション**（市場細分化）です。たとえば、年齢、性別、職業、婚姻、所得、家族数、教育水準といった人口統計学的（デモグラフィック）な細分化。住居地域や就業・就学地域といった地理的な細分化。習慣的にこれらが頭に思い浮かぶ人は達人らしいですよ。

　次にTの**ターゲッティング**です。1つのセグメント（たとえば「東京都区部に住む女子の大学生」）に対象を絞るのが基本でしょうが、トヨタのような大手自動車メーカーになると、**フルライン政策**といって、各所得層に合わせた価格帯の車種を提供していて、複数のセグメントを対象にすることもあります。

　そしてPの**ポジショニング**。たとえば「東京都区部に住む女子の大学生」というセグメントにターゲッティングした場合でも、低価格帯か高価格帯か、機能性かファッション性か、商品の位置付けはまったく変わってくるわけですね。

128

30秒でわかる！ポイント

マーケティングの考え方

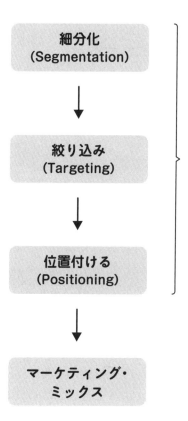

10 hour business administration —12

マーケティング

▶ 02　マーケティング・ミックス

市場をどのように攻略するか

４つのツールを組み合わせる

　どうやってターゲット市場を攻略したらいいのでしょうか？　一般的には、製品（Product）、価格（Price）、流通（Place）、プロモーション（Promotion）の**４Ｐ**の**マーケティング・ツール**の組み合わせで市場を攻略します。これを**マーケティング・ミックス**と呼びます。要するに、どのような商品・サービスを、どのくらいの価格で、どの店舗・販売経路で販売するのか。そしてそのことをどのように宣伝し、販売促進をしていくのかを決めます。

　これが頭で考えるほど単純ではなく、一筋縄ではいかないのが面白いところ。たとえば、経済学理論では、価格が安いほど需要は増えるはずです。だから値下げセールをするわけです。しかし他方では、高価格は高品質のシグナルでもあるので、値下げするとブランドを傷つけ、かえって売れなくなる事例も多いのです。より精確に予測するには、このような**シグナリング効果**に基づく行動変化も予測する**構造モデリング**が行われたりします。

　経済学の理論通り、値下げしたら爆発的に売れたものの、原価割れして赤字というのでも、会社はつぶれてしまいます。そこで、この価格なら売れるという価格を先に決めてから、原価を詰めていく**原価企画**、**ターゲット・コスティング**も広く行われています。４Ｐの中の価格１つをとっても、これだけ考えるべきことは多いのです。

30秒でわかる！ポイント

マーケティング・ミックスの4P

ターゲット市場

製品 (Product)
多様性
品質
デザイン
特徴
ブランド
パッケージング
サイズ
サービス
保証
返品

価格 (Price)
標準価格
割引
許容度
支払期限
信用取引条件

プロモーション (Promotion)
販売促進
広告
販売力
広報・宣伝
直接販売

流通 (Place)
チャネル
流通範囲
品揃え
立地
在庫
輸送

コトラー(2000)『マーケティング・マネジメント』p.15 図1-5

10 hour	
business	**12**
administration	

**マーケ
ティング**

▶ 03　流通チャネル

どうやって顧客に
届けるか

商品特性も流通チャネル次第

　４Ｐの中の１つである**流通**の**チャネル**については、たとえば**コトラー**の『**マーケティング・マネジメント**』（2000年）の言い方にしたがえば、**チャネルの段階数**です。製造業者→卸売業者→小売業者→顧客と２段階チャネルもあれば、卸売業者を飛ばして、製造業者→小売業者→顧客の１段階チャネル、さらには製造業者から直に顧客というゼロ段階チャネルもあります。

　さらに、購買頻度の高い食料品や日用雑貨品などは、身近なコンビニなどで反復して買う**最寄品**です。しかし、衣類や家具などは、お店を回って品質・価格・スタイルなどを見比べてから買う**買回品**になります。さらに、代理店やディーラーなどに行かないと買えないような**専門品**もあります。ただし、実はこれらも商品特性というよりは流通チャネルの問題でしょうね。実際、従来は専門品だった化粧品も、買回品だった衣類も、コンビニで売られるようになれば最寄品になります。

　一般的に、最寄品は扱う小売店の数が多いので、メーカーからすると、卸売業者を入れた方が便利です。逆の立場で大手のコンビニ・チェーンなどになれば、卸売業者を排してメーカーと直接取引したり、自前で販社をもったりして、階層数を減らすことで流通コストを削減することもありということになります。

30秒でわかる！ポイント

消費財の流通チャネル

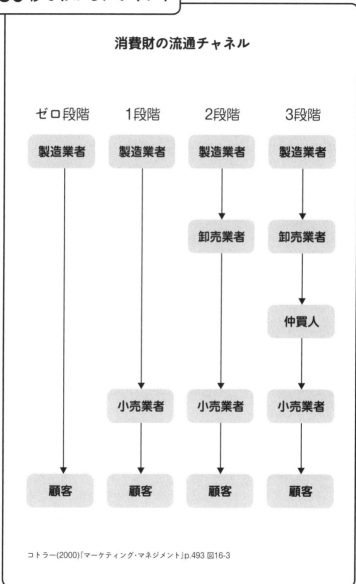

コトラー(2000)『マーケティング・マネジメント』p.493 図16-3

10 hour	**12**
business	
administration	

マーケ
ティング

▶ 04　マーチャンダイジング

商品と売場を
「編集」する

品揃えと売場を市場に合わせて変える

　小売店が、商品を仕入れて品揃えをし、売場を作り、複数の売場を組み合せて店舗を形成すること、さらに在庫管理や市場に合わせて品揃えを変化させていくことを**マーチャンダイジング（MD）** と呼びます。要するに、**商品の編集**と**売場の編集**をするのが MD なのです。

　たとえば百貨店の伊勢丹では、**MD分類**と呼ばれるさまざまな切り口から作った基準に従って売場作りをするそうです。対象別・用途別・関心度別などの分類で商品やブランドを集めて１つの売場を作り、さらに年齢の高い層向けのゾーンやキャリア層向けのゾーンといったゾーンにまとめて店舗空間を構成していきます。こうすると、お客さんも自分で売場を探せるし、関連商品も一緒に買いやすくなるわけですね。

　総合スーパー（GMS）のイトーヨーカ堂では、商品をブランド・サイズ・色等々で細かく決めた単品で管理します。こうして**単品管理**にすると、**売れ筋**、**死筋**が単品ベースで分かるようになります。実は、同じメーカーの同じ商品カテゴリーの中にも売れ筋と死筋が混じっているし、店舗が違えば売れ筋と死筋も違ってくるのですね。こうして店舗の売場レベルで商品の編集をしていくのが単品管理なのです。

134

30秒でわかる！ポイント

百貨店の店舗レベルでの売場体系のイメージ

ディビジョン	ゾーン	デパートメント	ブロック	売場タイプ
	キャリア婦人服 対象別(年齢)	ブランドショップ 関心度別(ブランド)	ブランドA	インショップ
			ブランドB	インショップ
			ブランドC	インショップ
			喫茶	ブランドD	インショップ
婦人服 対象別(性別)	ミセス婦人服 対象別(年齢)	ブランドショップ 関心度別(ブランド)	ブランドE	インショップ
			ブランドF	インショップ
			ブランドG	インショップ
		フォーマル 用途別(場所)	カラーフォーマル	ブランド平場(ブランドのコーナー展開)
			ブラックフォーマル	ブランド平場(ブランドのコーナー展開)
		ウィークエンド 用途別(場所)	ブランドH	ブランド平場(ブランドのコーナー展開)
			ブランドI	ブランド平場(ブランドのコーナー展開)
			ブランドK (雑貨)	ブランド平場(ブランドのコーナー展開)
		エレガンスウェア 関心度別(テイスト)	ミセス向けブランドL	インショップ
			ジャケット&ボトムス	ブランド平場(ブランドのコーナー展開)
	婦人洋品 用途別(機能)	セーター・ブラウス 用途別(機能)	ブラウス	編集平場(サイズ・カラー別の展開)
	サイズ婦人服 (省略)	婦人肌着・ナイトウェア 用途別(機能) (省略)	セーター	編集平場(サイズ・カラー別の展開)
	特選婦人服 (省略)		ニットブランドM	インショップ
	ヤング婦人服 (省略)			

宮副謙司(2010)『コア・テキスト流通論』p.86 図表4-5

10 hour business administration	12 マーケティング

column

大量生産と低価格

「大量生産」と「低価格」、どちらが先か？

　1909〜1927年に自動車T型フォードを1500万台も大量生産した
アメリカの**フォード社**ですが、そのずっと前、1日の生産台数がよ
うやく100台に達したとき、株主が会社をつぶす気かと警告してき
たそうです。それに対してフォードは「1日100台では少なすぎる。
ほどなく1日1000台となることを希望している」と返したとか。

　フォード社が1906年に発売したN型のときは、その年頭の自動
車ショーで、完成が間に合わず、エンジンを搭載しないまま500ド
ルの正札をつけて発表したところ、その価格の安さでたちまち話題
となったそうです。これが、低価格車にはものすごい需要があるは
ずだというフォードの信念を形作ります。そしてN型は、価格を発
表してしまってから、それ以下に製造コストを下げるために、車体
メーカーと交渉を始めたのです。

　マーケティングで有名な**レビット**は、T型フォードの大量生産
は、低価格の原因ではなく結果であり、実は、「1台500ドルなら
何百万台も車が売れると結論したので、組立ラインを発明したの
だ」と指摘します。事実、フォードは「まず、販売が増えるまで値
引きする。そして、それを価格にしようとする。コストにはかまわ
ず。その新しい価格がコスト・ダウンを余儀なくするのである」と、
原価企画的な考え方をしていました。

T型フォードの累積生産台数と価格
（両対数グラフ）

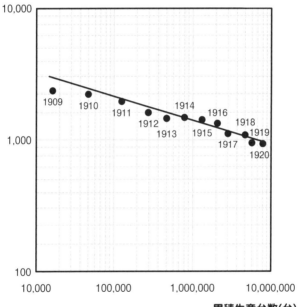

W. J. Abernathy & K. Wayne (1974) "Limits of the learning curve," *Harvard Business Review*, 52(5), 109-119, Exhibit 1.

10 hour	
business	**13**
administration	

カスタマー

▶ 01 CRM

企業と顧客との
密接な関係を築く

1人ひとりの顧客をしっかり管理

コンピュータやインターネットが発達したことで、個々の顧客の売買履歴や属性などを顧客データベースとして、企業が一元管理することが可能になりました。一人ひとりの顧客に合った対応をすることで、企業と顧客との密接な関係を築くための**顧客関係管理(CRM)**が可能になってきたのです。

それは同時に、大量生産・大量消費の時代に不特定多数の消費者にマスメディアを通じて広告を大量投入していた**マス・マーケティング**から、企業が顧客1人ひとりのニーズに1対1で個別に合わせた**ワントゥワン・マーケティング**へと大きく転換することを可能にしました。

実は、私たちが日常的に利用しているポイントカードの類いも、私たちの売買履歴をデータベース化するためのCRMのツールとして使われているのです。この売買履歴データを使えば、前年や前月の購買金額をもとに、たくさん買ってくれた優良顧客のポイント還元率を上げて優遇してあげることもできます。こうすれば、ますますその店を利用するようになり、優良顧客を囲い込むことができますね。実際、誕生日などもデータベースに入っていて、「誕生日のご利用はポイント10倍です」と案内が来れば、その日に合わせて、たいして必要もないものまで含めて、ごそっと買いに行ってしまいそうです。

138

30秒でわかる！ポイント

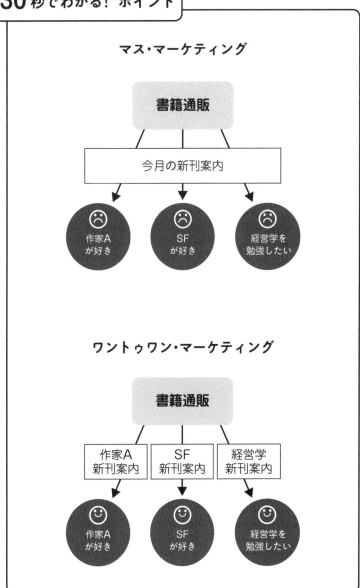

| 10 hour
| business —**13**
| administration

カスタマー

▶ 02　パレートの法則
２割の優良顧客が、８割の売上を生み出す

優良顧客はひいきするべき？

　CRM が重要になるのは、実は、少数の優良顧客が売り上げや利益に大きく貢献しているという事実が背景にあるからです。「**にはち（二八）の法則**」という言葉を聞いたことはないですか？　これは、数で言えば２割の顧客が全体の８割の売り上げ、利益を生み出しているという意味なのです。もともとは、２割の人に８割の富が集中しているという**パレートの法則**からきていて、英語でも "**80－20 rule**" と言います。

　もちろん、数字は常に80－20だという理論的な根拠はなく、日本のスーパーでは60－40くらいだともいわれます。正確な数字は、個別に実際に統計をとってみないと分かりませんが、偏りがあるのは事実でしょう。

　こうしたことから、収益性を基準にして、顧客をピラミッド状に階層分類化し、それぞれの層に合った質のサービスを提供する**カスタマー・ピラミッド**（145ページ参照）の考え方も出てきます。こう書くとちょっといやらしいですね。とはいえ、新規顧客の獲得コストは既存顧客の維持コストの５倍以上という説まであります。既存顧客、特に、金額的にたくさん買ってくれて、価格変動にも敏感でないようなヘビー・ユーザーを逃がしてしまっては元も子もありません。優良顧客を大切にするというのは、基本的なことなのです。

140

30秒でわかる！ポイント

パレートの法則

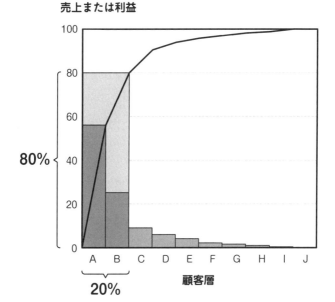

このグラフは「パレート図」と呼ばれ、「QCの7つ道具」(173ページ参照)の中の1つでもあります。

10 hour	
business	**13**
administration	

カスタマー

▶ 03　フリークエンシー・プログラム

どうやって
リピーターを
増やすか

航空会社のマイレージが代表的

　既存の優良顧客だけを大事にしていればいいんだ……では、じり貧になります。新規の顧客から「もう二度と来るもんか」と言われ続けていれば、いつまでたっても売り上げは増えません。大切なことは、繰り返し利用してくれる**リピーター**を増やすことです。一度利用した顧客が何度も利用して常連さんになってくれることが、売り上げ増の近道なのです。

　たとえば、航空会社のマイレージ・プログラム。基本形は、その航空会社の航空路線を利用すると、利用距離のマイル数が加算されていき、一定量に達すると無料の特典航空券と交換してくれるというものですね。一般的には**フリークエント・フライヤーズ・プログラム（FFP）**といいます。もともと1981年にアメリカン航空が始めたものですが、日本では1996年に景品表示法が改正になり、FFPは景品ではなく割引であるという解釈に整理されてから、その翌年一斉に導入されました。

　航空券は高額なので、マイルがたまってくると、顧客が他社に乗り換える際の**スイッチング・コスト**を高め、顧客の囲い込みに役立ちます。しかし、少額還元のポイントカードではスイッチング・コストが低いので、**CRM**を活用したマーケティングをしないと、囲い込みもできず、割引で収益を圧迫するだけの結末に終わってしまいます。

30秒でわかる！ポイント

フリークエンシー・プログラムの考え方

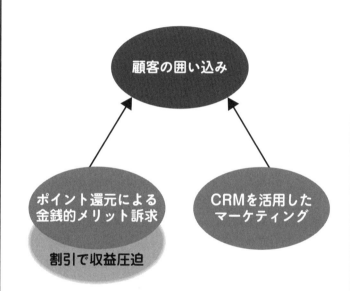

小額のポイント還元では、あまり囲い込みに役に立ちません。CRM活用によるメリットが見込めないのであれば、単なる割引にすぎず、収益を圧迫するだけに終わってしまうのです。

10 hour
business —13
administration

カスタマー

▶ 04　ブランド

無形の「魅力」を
どう育てるか

「利益」とともに経営の重要な要素を担う

　かつてウィンドウズパソコンに押されて風前の灯火といわれたころのマックのユーザーは、特典やら優待やらを必要としない、ただただマックそのものを愛しているような人たちでした。こうした忠誠心の高い顧客は**ロイヤル・カスタマー**と呼ばれますが、彼らがいたからこそ、マックは苦境を乗り越えられたのでしょうね。このようなブランドは**ブランド・ロイヤルティ**（忠誠心）が高いといわれます。

　定義的には、**ブランド**とは、特定の商品・サービスを識別し、差別化するための名称、言葉、シンボル、パッケージ・デザインのことです。しかし、『ブランド・エクイティ戦略』（アーカー、1991年）では、ブランドとはまさに無形資産、つまり**ブランド・エクイティ**としてとらえられます。実際、企業買収のときには、ブランドは無形固定資産として金銭的に評価されますしね。それが**のれん代**です。

　それどころか、**コトラー**は、プロのマーケターに最も特有のスキルは、ブランドを創造し、維持し、守り、向上させていく能力だろうとまで言っています。当たり前のことですが、ブランドは管理の仕方で価値が増減します。企業にとって、強力なブランドを育てることは、目先の利益や売上とは次元が異なる重要なことなのです。

144

30秒でわかる! ポイント

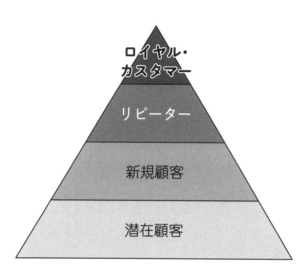

カスタマー・ピラミッド

収益性を基準にして、顧客をピラミッド状に階層分類化し、それぞれの層に合った質のサービスを提供する考え方です。新規顧客の獲得コストは既存顧客の維持コストの5倍以上という説まであり、既存顧客、特に、金額的にたくさん買ってくれて、価格変動にも敏感でないような優良顧客、ロイヤル・カスタマーを大切にすることは基本なのです。

10 hour	
business	**13** カスタマー
administration	

column

顧客第一主義の罠

顧客「だけ」を見るのは非常に危険

　顧客が大切であることに疑いはありません。しかし、それだけではダメなのもまた事実です。

　A社は、特許をとったユニークな装置で、その分野では世界的に有名になった会社です。ニッチ市場ではありましたが、あまり宣伝などしなくても、顧客側から問い合わせがきました。ただし、より高機能の装置を作るには、どうしても他社の特許を使用する必要がありました。ただ、他社と特許の**クロス・ライセンス契約**を結んでしまっては、他社の参入を招くことになります。そこでA社は、高機能化路線はとらず、その代わり、納入先のニーズに合わせて徹底的にカスタマイズすることで対応しました。そのおかげで、A社は顧客満足度の高い会社としても有名になり、新規の顧客も増え、特許による独占のおかげで高利益率も維持することができました。

　こうして、A社はニッチ市場で**ソリューション・ビジネス**を展開していることこそが自社の強みだと考えるようになります。そして、研究開発そっちのけで**顧客第一主義**を掲げ、ソリューション・ビジネスを積極的に売り込んだのです。しかし、競合他社も指をくわえて眺めていたわけではありません。A社の特許を回避する類似装置や欧米製のより高機能の装置が、市場の一部に食い込んできました。こうしてA社は「じり貧」に陥っていきます。顧客は大切です。しかし常にイノベーションを心がけることはもっと大切なのです。

顧客第一主義の罠とは？

顧客第一主義

イノベーション

特許による
独占的利益

徹底的
カスタマイズ
による顧客満足

研究開発を
続けて高機能化

13

カスタマー

現有特許にしがみつき、技術開発を軽視する会社
は「健全」とはいえません。

10 hour	**▶ 01　海外直接投資**
business	**14**
administration	
国際経営	# なぜ海外に工場を つくるのか？

国境を越えた企業グループができた

　かつて高度成長期の日本企業は、国内で加工製造したものを輸出していました。その頃は、商社を使ったり、各国に代理店を置いたりしていたので、世界中で製品が売れ、世界的にブランドが有名になっても、国際化はしていませんでした。何しろ当時は１ドル＝360円でしたから、日本国内で作れば海外では割安になったのです。

　ところが、1971年の**ドル・ショック**後、円はどんどん値上がりしていきます。こうなると輸出品は割高になっていきます。日本という国の**国家特殊的優位**が低下したのです。日本企業も現地生産に切り替えるために、海外に工場を作る**海外直接投資**をするようになります。しかし、配当、利子、売買差益などの資本収益を目的とした**間接投資**とは別次元の経営の難しさが加わりました。

　もちろん、現地企業にライセンス生産させるという方法もありますが、**ライセンス契約**だけでは知財を守り切れないのも事実です。**内部化理論**ではその**取引コスト**を重視し、だから海外直接投資をしたのだと説明します。

　いずれにせよ、**企業特殊的優位**のある日本企業は、海外直接投資で現地法人を設立して、海外子会社を持つようになります。こうしてできた本国親会社と海外子会社からなる国境を越えた１つの企業グループのことを**多国籍企業**といいます。

148

30秒でわかる！ポイント

ドル円為替レートの推移

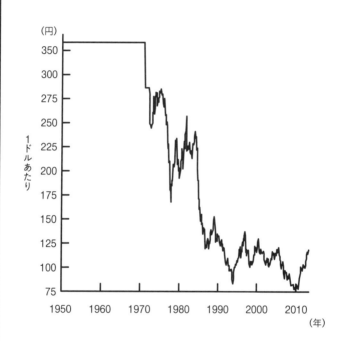

1990年代以降、360円時代と比べると、1/3以下のコストで作らないと輸出品は赤字になります。

10 hour	
business	**14**
administration	

国際経営

▶ 02　プロダクト・サイクル仮説

製品開発段階に
応じた多国籍化

1970年前後のアメリカでのみ通用した仮説

　アメリカ企業の多国籍化については、アメリカの経済学者**バーノ
ン**が20年程度の経験的事実から帰納的に導いて1966年の論文で発
表した**プロダクト・サイクル仮説**が有名でした。この仮説では、製
品開発段階を次の３段階に分けて考えます。

【新製品】アメリカは平均所得も労働単価も高いので、労働節約
ニーズに応える新製品は、まずはアメリカで生産されて国内市場に
登場します。

【成熟製品】製品需要が拡大するにつれ、製品デザインも標準化さ
れ、他の先進国市場でも売れるようになると現地生産をするように
なります。

【標準化製品】製品デザインが標準化し、陳腐化の恐れもなく在庫
を生産できるようになると、市場から離れていても労働コストの低
い第三国、発展途上国で生産し、そこから輸出するようになります。

　この仮説は、アメリカ以外の他の国でも当てはまるのか議論にな
りましたが、バーノン自身は1979年の論文で、この仮説が強い予
測力を持っていたのは、第二次世界大戦後の20～30年（つまり
1970年前後）までのアメリカとアメリカ企業に関してだけだった
と明言しています。プロダクト・サイクル仮説を、他の時代や他の
国に拡大適用するのは無理がありそうですね。しかし、当時のアメ
リカの多国籍企業はそんな感じだったのでしょう。

30秒でわかる！ポイント

プロダクト・サイクル仮説

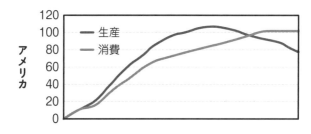

アメリカ
— 生産
— 消費

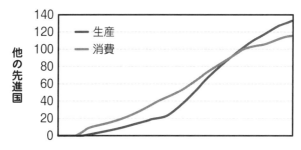

他の先進国
— 生産
— 消費

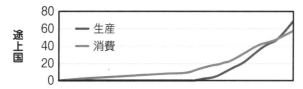

途上国
— 生産
— 消費

新製品	成熟製品	標準化製品
製品開発段階		

R. Vernon(1966)
"International investment and international trade in the product cycle,"
Quarterly Journal of Economics, 80, 190-207, Figure 1.

14 国際経営

```
10 hour
business ──14
administration

国際経営
```

▶ 03　グローバル経営
活動ごとの
グローバル
分散・集中

価値連鎖の活動ごとに配置を決められる

　多国籍企業化が進み、世界中に拠点ができると、今度は、どこの国にどの活動を配置するのかということに関心が向き始めます。

　20世紀前半は、各国が自国の産業を守るために輸入品に関税等をかけていました。たとえば自動車です。第一次世界大戦前、アメリカは45%の関税をかけていました。イギリスは1915年に33.5%の関税、フランスは1922年に45%の関税を課し、それを1931年には90%に引き上げています。ここまで**関税障壁**が高くなると、自動車メーカーは世界各国の国内で自動車工場をもって現地生産をしなくてはならなくなります。これをポーターは**マルチドメスティック産業**と呼びました。

　しかし、戦後になってグローバル化が進み、関税障壁が低くなると、もっと**価値連鎖**の活動ごとに自由に配置を決めることができるようになります。たとえば、アメリカの航空機メーカーは、部品調達やサービスは各国に分散させますが、規模の経済が効く製造はアメリカ国内に集中。スタッフに高度の熟練が必要で商談の頻度が低い販売も、必要なときだけ出張すればいいので集中です。つまり活動によっては分散させず、グローバルに集中させる方が効率的なのです。これを**グローバル産業**といいます。

152

30秒でわかる！ ポイント

民間航空機製造業における
活動ごとのグローバル集中・分散

活動	集中/分散	条件として作用する特徴
製造	集中	・規模の経済 ・組立における急勾配の学習曲線 ・低輸送費用
販売	集中	・高度に熟練した販売要員による個別商談 ・低頻度の商談
技術開発	集中	・製造部門と同じ立地であることに利点
サービス	分散	・航空機がどこに着陸しようとも部品と 　修理アドバイス
調達	分散	・買い手であり、航空会社の所有者である 　政府のご機嫌をとるために部品を調達

14

国際経営

高橋伸夫(2016)『経営の再生 第4版』p.79 表2・3

```
10 hour
business      14
administration

国際経営
```

▶ 04　海外派遣者

本国からの派遣は減らすべきか

カルチャーショックと帰国ショック

　同じ多国籍企業とは言っても、日本企業は欧米企業と比べて、人の管理面では違いがあると言われてきました。たとえば、1970年代から、日本企業では海外子会社における日本人の**海外派遣者**が多いと海外研究者から指摘されるようになりました。それは次第に批判に変わり、日本人研究者も批判に同調するようになりました。

　ただ、もともとこうした指摘は、逆にアメリカ企業の**早すぎる現地化**と海外派遣者の減らし過ぎに警鐘を鳴らしていたという側面もあったのです。本社とのパイプ役を果たす本国人材がいなくなり、**アメリカン・ジレンマ**と呼ばれるような難しい状況に陥っていたのです。その原因の1つは、アメリカ人海外派遣者の失敗率（途中帰任率）が一貫して高いことにありました。

　しかも、本国から海外に派遣されると派遣先で**カルチャー・ショック**を受けることは知られていましたが、アメリカの研究では、帰国しても、今度は本国においても帰国ショックを受けるのです。実は、アメリカ企業では**海外帰任者**の1／4～1／2もの人が、帰国後1～2年以内に離職するという研究結果まであります。

　何でも横並びで比較して、違えば批判するというのは無意味です。海外子会社が本国親会社からの派遣駐在員を必要としているのであれば、派遣すべきでしょう。

30秒でわかる！ポイント

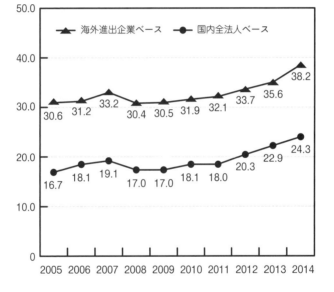

海外生産比率の推移（製造業）

海外進出企業ベース：30.6, 31.2, 33.2, 30.4, 30.5, 31.9, 32.1, 33.7, 35.6, 38.2
国内全法人ベース：16.7, 18.1, 19.1, 17.0, 17.0, 18.1, 18.0, 20.3, 22.9, 24.3

海外事業活動基本調査(第45回) 図11
http://www.meti.go.jp/statistics/tyo/kaigaizi/result/result_45/result_45.html

14 国際経営

10 hour business administration 14 国際経営
column

マネジメント
・チーム

「できる人」と「任せられる人」の違い

　イギリスの経済学者**ペンローズ**は『会社成長の理論』（1959年）で、仮に、一人の人間が常に隅々までコントロールしなければ組織行動に一貫性を保てないのであれば、企業規模に限界があるはずなのに、実際にはそうした現象は見られない。それは、一人の人間ではなく、マネジメント・チームによって組織がコントロールされているからだとしました。

　マネジメント・チームとは、簡単にいえば、一緒に働いた経験のある「仕事を任せられる人」の集団のことです。それゆえ、時間がかかっても、共になすべき仕事をもたねばならないのです。成長してきた日本企業の強みは、ごく一握りの経営幹部だけにとどまらず、中間管理職やその下の階層、会社によっては工場で働く工員1人ひとりに至るまでもが、マネジメント・チームと呼ぶにふさわしい集団を形成していることにあったといえます。

　これは中堅のメーカーでも同様です。中国をはじめとしたアジア諸国に行って、現地で工場を立ち上げたのは、優秀な幹部社員というよりは、ベテラン工員であることが多かったと言われています。たとえ日本語しかできなくても、そうした仕事を任せられる人材が、世界中に拠点を作ってきたのです。外国語に長けた「仕事のできる人」は、金さえ払えば雇えます。しかし、「仕事を任せられる人」は、金では買えないのです。

「仕事を任せられる人」の集団

仕事を
任せられる人 ≠ 仕事の
できる人

一緒に働いた
経験のある人

14

国際経営

ペンローズの考えたマネジメント・チームとは、一緒に働いた経験のある「仕事を任せられる人」の集団のことです。チーム・メンバーの候補者に、一緒に働いた経験をもたせるためにかかる費用は「隠された投資」です。候補者は、時間がかかっても、共になすべき仕事をもたなければならないので、企業成長のスピードには経営的限界があると考えました。

第 3 部

技術経営論

【第 3 部で知っておきたい経営用語】

▼ ジャスト・イン・タイム（JIT）
トヨタ生産方式の主要部分。作業の無駄を顕在化させるための手段。

▼ フォード・システム
アメリカの自動車産業を支えた大量生産方式。互換性部品やコンベア
による移動式組立ラインの採用など、さまざまな工夫からなる。

▼ デジュール・スタンダード
公的な標準化機関が定めた標準。

▼ デファクト・スタンダード
業界内の競争で生まれた「事実上の標準」。

▼ 生産性のジレンマ
生産システムにおいては、効率性と柔軟性が両立しないということ。

▼イノベーターのジレンマ

イノベーションに熱心で、市場ニーズにも敏感なリーダー企業が、当初オモチャのように思えた新製品をひっさげた新興企業に取って代わられてしまうこと。

▼組織アイデンティティ

自分たちらしさ。多数の人間が構成する組織は多重人格者のようなもの。

▼オープン・イノベーション

自前主義に陥らず、企業内外のアイデアを統合して新しい価値を生み出すこと。

| 10 hour |
| business —— 15 |
| administration |

生産管理

▶ 01　見込生産と受注生産

「代わりが簡単に見つかるか否か」で生産方法を変える

生産量と販売量の見極めがカギとなる

　価格、性能、品質が同じ製品が2つあったとき、一方はすぐに入手できるのに、他方は1ヵ月待ちですよと言われたら、今すぐ手に入る方を買うでしょう。ただし、製品の種類によっては、話が変わってきますね。たとえば、持ち帰りの弁当やコーヒーなら、今すぐ欲しいでしょうが、同じ弁当でも、予約が必要な高級弁当であれば、1ヵ月待ちと言われても待つかもしれません。

　これによって、生産の仕方も当然変わってきます。もしお客さんが店頭で買う際に、なければ他社製品で済ませてしまうような製品の場合は、店頭に在庫がなければ致命的です。**見込生産**をして、在庫を補充するように生産します。

　それに対して**受注生産**では、顧客からの注文があってから生産を始め、指定された期日に納入するわけですね。実は納期には、このように納入期日の意味と、お客さんが注文してから手に入れるまでの納入期間の意味の2つの意味があるので、ちょっと注意が必要です。

　いずれにせよ、生産量は販売量・受注量に完全に一致させることはできないので、見込生産の場合は製品在庫、受注生産の場合は受注残がバッファになります。受注生産の場合も、原料や部品は見込生産されているものを使うことが多いので、そこには原料在庫、部品在庫が存在します。

30秒でわかる！ポイント

見込生産と受注生産のイメージ

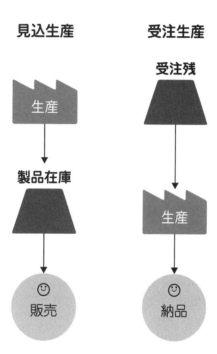

生産量は販売量・受注量に完全に一致させることはできないので、製品在庫・受注残というバッファが必要になります。

10 hour	
business	**15**
administration	

生産管理

▶ 02　ジャスト・イン・タイム（JIT）

作業の無駄を
顕在化させる手段

生産システム全体の流れをよくする

　原料在庫、部品在庫を極限まで減らしてしまったら、いったいどんなことが起こるでしょう？　生産システムのごく一部でも流れが悪いと、すぐに生産システム全体が止まってしまいます。

　ジャスト・イン・タイム（JIT）はトヨタ生産方式の主要部分です。英語でそのまま通じるほど有名になった**かんばん方式**はJITの一部です。しかし、それを導入したからといって、生産性が向上するわけではありません。JITは、作業の無駄を顕在化させるための手段なのです。

　作業の無駄が把握されると、現場監督クラスを中心とした作業標準改訂、作業者個人の改善提案、小集団活動といった現場主導型の**問題解決サイクル**が回り始めます。多工程持ち、多能工化、幅広い職務区分が手待ちの圧縮、正味作業時間の拡大、再編成された作業プロセスの作業標準としての速やかなマニュアル化、作業組織内に固定……このサイクルが繰り返されることで、初めて生産性が向上し始めるのです。

　大量生産すれば生産性が向上すると、根拠もなく主張されることがありますが、実際には、生産システム全体の流れがよくなることで、生産量も増加し、生産性も向上するのです。メーカーで生産量と生産性に関係が見られても、それは見かけ上の関係にしか過ぎません。

30秒でわかる！ ポイント

かんばん方式の概念図

トヨタ自動車ホームページより

10 hour	
business	**15**
administration	

生産管理

▶ 03　損益分岐点

どれだけ売れれば
トントンになる？

製品を作っても、売れなければ大損害

　製品を製造するための材料費や燃料費は、生産量に比例して変動するコストなので、**変動費**といいます。それに対して、製造設備の減価償却費や工場の人件費などは、生産量に関係なく一定額かかるコストなので、**固定費**といいます。直感的に理解できると思いますが、固定費部分が大きい場合、ある程度の量の製品を作って売らないと、固定費は回収できません。つまり、赤字です。

　このことをもう少し論理的に整理してみましょう。固定費・変動費を合わせた費用と**売上高**が等しくなるポイントを**損益分岐点**といいます。固定費の割合が大きい場合、固定費を回収するまで、すなわち、損益分岐点（売上高）を越えるまでは赤字が続きますが、いったん損益分岐点（売上高）を越えてしまえば、あとは売上増加分の多くが利益になります。

　したがって、利益を出そうと思ったら、固定費の割合が大きい製造業などでは操業度や稼働率を常に念頭に置く必要があるわけです。ただし、このことが経営判断を狂わせる原因にもなります。つまり、売れもしないのに、操業度を上げて固定費を回収したいという圧力が生まれ、時には、せっかくの在庫削減努力を台無しにしてしまうからです。作り過ぎて売れなければ、製品は不良在庫となり、結局は大損害だということをお忘れなく。

30秒でわかる！ポイント

損益分岐点

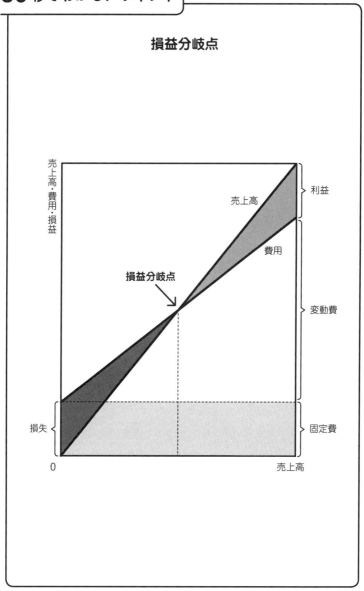

```
10 hour
business ──15
administration

生産管理
```

▶ 04　カイゼン（改善）

今や世界的に浸透した経営用語

標準の「維持」と「現状打破」

　工場の生産性を向上させるために、作業者・機械設備・在庫・搬送システムなどからなる生産プロセス全体の効率化を図る工学的なアプローチを**インダストリアル・エンジニアリング（IE）**といいます。狭義のIEは、生産性向上を目的とする作業研究のことで、手法的には、テイラーの時間研究を継承した**稼働分析**、ギルブレス夫妻の動作研究を継承した**方法研究**があります。目標・標準のまわりに設定した許容範囲を逸脱した場合、原因を分析し、原因を除去する矯正的行動がとられます。

　カイゼン（改善）、英語でもkaizenという経営用語は、1980年代以降、自動車やエレクトロニクスなど日本の加工組立メーカーの強い国際競争力の源泉の1つとして注目されてきました。手法はIE的でも、その発想はIEとかなり違います。

　日本の会社でも、従業員は設定された**標準**に基づいて働いています。ただし、日本の会社では、訓練および規律を通じたそうした標準の「維持」と、そうした標準自体を向上させる「現状打破」という2つの要素から仕事が成り立っていると考えられているのです。つまり、「標準のないところにカイゼンはない」のであり、「標準はよりよい標準に取って代わられるためにのみ存在する」のです。

30秒でわかる！ポイント

職務機能に関する日本的な見方

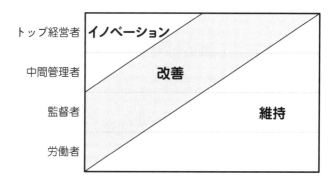

職務機能に関する欧米的な見方

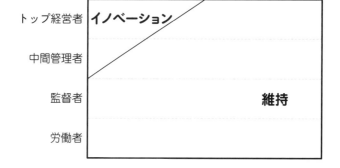

今井正明(1986)『カイゼン』p.7 図1.3、図1.4

10 hour		生産管理
business	**15**	
administration		

column

固定費と変動費

操業度が下がると単位当たりコストが上がる

　私が大学院生になりたての夏休み。B社が持つ5つの工場の過去5年分の工場ごとの製造コストと単位当たり製造コストのデータを渡されました。各工場の単位当たり製造コストが急上昇しています。インターネットもパソコンもない時代、とりあえずグラフ用紙に1点1点手書きで書き込んでいくと、意外ときれいなグラフができました。そうか、固定費と変動費だ！　早速、電卓で製造コストを単位当たり製造コストで割って生産量を求め、今度は横軸に生産量、縦軸に製造コストをとってグラフを描いてみると、ほぼ直線上に並びました。後日B社で、

「おそらく、5工場はほぼ同規模で同様の設備を持っていると推察されます。そのため、固定費も単位当たり変動費も5工場ともほぼ同じで、きれいな直線になるのでしょう。各工場の単位当たり製造コストが急上昇したのは、ほぼ間違いなく操業度の低下が原因だと思われます」とコメントすると、担当者の顔色がみるみる変わりました。そして次のような答えが返ってきました。

「そう。実は、5工場は地理的に分散配置した小規模工場で、同規模、同設備なんですよ。上（上司）は、すぐに設備の老朽化のせいだとか社員の士気低下のせいだとか言うんだけど、何か変だなとは思っていたんだ」。

（高橋伸夫（2015）『コア・テキスト 経営統計学』短縮）

製造コストと単位当たり製造コスト

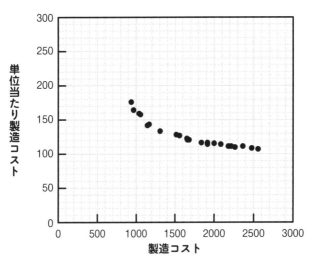

生産量と製造コスト

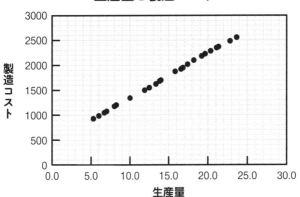

高橋伸夫(2015)『コア・テキスト 経営統計学』p.ii 図1・図2

10 hour business administration 16

品質経営

▶ 01 フォード・システム

アメリカの自動車産業を支えた大量生産方式

生産性を向上させたさまざまな工夫

アメリカでの自動車の生産台数は1907年の約4万台から1913年には約50万台にまで増えました。その大量生産を可能にしたのが**フォード・システム**と呼ばれる大量生産方式だったといわれます。

フォード・システムは、コンベアによる**移動式組立ライン**を指すものと考えられがちですが、そんな単純なお話ではありません。まずは、その前提として、部品加工精度を向上させる必要がありました。実は、当時、部品の加工精度が低かったために、部品を組み付けるために、フィッターと呼ばれる熟練した仕上げ工が、組立現場でやすりで部品のすり合わせをする作業をしていたのです。これでは生産性が上がりません。それを部品の加工精度を向上させたことで、すり合わせをすることなしに部品を組み付けることができるようにしたのです。この**互換性部品**のおかげで、それだけでも生産性は大いに向上しましたが、さらに移動式組立ラインの導入も可能になりました。

移動式組立ライン導入後も、人があまり動かなくてもいいように作業を細分化したり、腰の高さで作業できるように背の高い人用と低い人用に別の組立ラインを作ったり、さらに、スピードを速くしたり遅くしたり、人員を増やしたり減らしたり、部品の流れと組立ラインのスピード、間隔が完全に同期化するまで、忍耐強くタイミング合わせと再調整を繰り返したのですね。

30秒でわかる! ポイント

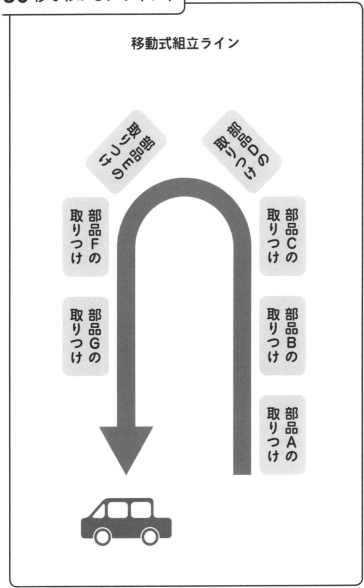

移動式組立ライン

```
10 hour
business ——16
administration

品質経営
```

▶ 02　全社的品質管理

世界から高く評価された日本の品質管理

品質管理活動を自主的に行うQCサークル

　1920年代末に技師**シューハート**が考え出した**管理図**は、たとえば不良品率のような品質特性が管理限界内に収まっているかどうか調べることで、工程が管理状態にあるかどうかを統計的にチェックするものでした。1950年にアメリカの統計学者**デミング**が日本科学技術連盟の招きで来日し、**統計的品質管理**のセミナー、指導を行います。このときの講義録の印税を基金として1951年に**デミング賞**が創設され、1952年には日科技連が各工場に現場の品質管理活動を自主的に行う**QCサークル**の設置を呼びかけます。1980年代、この日本独特のQCサークル活動が成果を挙げたことで、デミング賞とともに、日本の品質管理は世界的に高く評価されるようになりました。その頃アメリカでは、不況、失業率増加等の中で、日本から**全社的品質管理**（total quality control;**TQC**）が輸入されます。このときのアメリカでの訳語は**TQM**（total quality management）で、日本でも1996年からTQMに名称変更されます。

　アメリカでは1987年に、デミング賞を意識した**マルコム・ボルドリッジ賞（MB賞）**が創設されます。工場の現場での品質管理ではなく、顧客の品質認識を評価の中心に据えたものだったので、今度は日本生産性本部が、日本版MB賞として**日本経営品質賞**を1996年に創設しました。まさに日米で品質経営のキャッチボールですね。

30秒でわかる！ ポイント

QCサークルが品質改善活動に用いる「QC7つ道具」

QC7つ道具	概要
パレート図	問題を原因別に分類してデータをとり、多い順から並べて、その大きさを棒グラフで表し、累積曲線で結んだ図
特性要因図	問題とする特性とそれに影響していると思われる要因との関係を整理して、魚の骨のような図にまとめたもの
グラフ	数字を一目で分かるように、棒グラフ、折れ線グラフ、円グラフ、帯グラフ、Zグラフ、レーダーチャートで図示したもの
チェックシート	データを簡単にとり、整理できるように、点検・確認項目を漏れなく合理的にチェックできるようにあらかじめ設計してあるシート
散布図	対となったデータをとり、グラフ用紙の縦軸、横軸を書いてプロットしたもの
ヒストグラム	データの存在する範囲をいくつかの区画に分け、区画に入るデータの出現度数を数えて度数表にし、これを図にしたもの
管理図	1本の中心線CLとその上下の管理限界線UCL、LCLからなり、上下の管理限界線内にあれば工程は管理状態にあり、限界外に出た場合には異常状態が生じていると判断するための図

細谷克也(1982)『QC7つ道具』

→ **特性要因図**

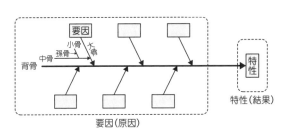

```
10 hour
business      16
administration

品質経営
```

▶ 03　ベンチマーキング

よい事例は
徹底マークする

目標とのギャップを埋める活動をする

　日本経営品質賞で、ツールとして重視されているものに、**ベンチマーキング**があります。要するに、優良・最高の事例である**ベスト・プラクティス**に学べというわけです。望ましさの基準があいまいな場合には、**準拠集団**を決めて、そこと比較するのが一番分かりやすいのです。

　ただし、自社のプロセス改善が目的であることは間違いないのですが、やり方は、あまり決まっていません。たとえば、ベンチマーキングの対象は、分かりやすいのは同業他社のベスト・プラクティスですが、他業界の会社でも構わないし、全社ではなく、一部の部門だけでも構わないのです。同じ会社内の他部門を対象にするのもありです。なにしろ同じ会社内なら、データは集めやすいですから。

　そうなのです。本当は、単に「すごいね」ではいけないのです。測定した数字的なデータで比較できる所は比較して、対象となる会社と自社との数字的ギャップを埋めるために、プロセスを改善していくというのが、一番わかりやすい見せ方です。その意味では、**重要業績評価指標（KPI）**的な使い方をすべきものといえます。つまり、ベスト・プラクティスを目標に設定し、その目標の達成度合いを何らかの数字で示した方が、社内的にも社外的にも見えやすいものになります。

174

30秒でわかる! ポイント

ベンチマーキングの方法

対象プロセスを絞り、同業種・異業種のベスト・プラクティスといえる企業の進んだプロセスと比較することで、自社の課題を発見する。

↓

ベスト・プラクティスを構成する詳細プロセスを分析し、その企業を成功させている「仕組み」や「やり方」を理解する。

↓

成功に影響を及ぼす「仕組み」や「やり方」を自社に導入するために、自社に合うように修正して適用する。

↓

ベンチマーク(目標)に到達すべく活動する
=ベンチマーキング

10 hour business administration

16

品質経営

▶ 04　顧客満足

広告以上に説得力がある「お客様の声」

顧客満足は従業員満足にもつながる

　1990年代以降の日本経済が低迷する中、顧客が継続的に製品・サービスを購入してくれることが重要になりました。顧客の**定着率**が向上すれば、当然、企業の成長率も向上するからです。そこで注目されたのが**顧客満足（CS）**です。もともと顧客満足は、1980年代の低迷するアメリカにおいて注目されたものでした。当時の商務長官マルコム・ボルドリッジに由来して名づけられた**MB賞**の評価でも、顧客満足に対する配点は1000点満点中300点と、その他の配点より群を抜いて高かったのです。

　顧客満足も**従業員満足（ES）**も**組織均衡**の観点からみれば、同じことです。従業員満足が**離職率や欠勤率**を低下せるのと同様に、顧客満足は顧客をリピーターにして、定着率を向上させます。それだけではありません。顧客満足は、従業員満足も上げるのです。面白いことに、顧客が高い満足を得ていると思うと、従業員満足も向上するのです。まさに「情けは人の為ならず」を実践しているわけですね。

　さらに、顧客満足が向上すれば、ネット上の評判も向上し、時には、莫大な**宣伝広告費**の効果をはるかに凌ぐことになります。顧客の評判は、宣伝のように企業が操作した情報ではなく、客観的な情報として信頼されるからです。

30 秒でわかる! ポイント

顧客満足と従業員満足

組織均衡

定着率向上

離職率低下
欠勤率低下

顧客満足
（CS）

従業員満足
（ES）

16

品質経営

従業員満足が低ければ、従業員の離職率、欠勤率が
高くなります。顧客も同じで、顧客満足が高くなけ
れば、リピーターにはなってくれません。従業員だ
けではなく、顧客も参加し続けてくれることで、初
めて組織均衡が成立し、企業活動が続けられるの
です。

品質経営

10 hour
business **16**
administration

column

内製化

ほぼすべての部品を自前生産

　全盛期のフォード社の姿は、部品メーカーに外注した部品を組み立てている今の日本の自動車メーカーの姿とは真逆でした。

　T型フォードを作っていたハイランド・パーク工場の、最終組立工程で働く人は1割程度で、ほとんどの人は部品を作っていたのです。T型フォードが年産200万台とピークを迎えた1923年、ハイランド・パーク工場はデトロイト近郊の需要に見合う12万台（6％）のみを自身で組み立てました。その代わり、全米29、全世界で37の組立分工場に部品のほぼ全量を供給していたのです。

　そんなフォード社の内製化の象徴が、1916年から建設が始まったリバー・ルージュ工場で、発電所も製鉄所もガラス工場も製材工場もありました。その原材料も、フォード社所有の3つの炭田から産出された石炭が、フォード社が買収した鉄道で運び込まれました。フォード社が所有する森林から切り出された木材と鉄鉱石は、フォード社の船舶でフォード社が開いた運河を通って、リバー・ルージュ工場に運び込まれたのです。

　こうして、生産量の拡大と生産性の向上が同時に実現します。かつて、原材料が鉱山を出てから完成品として出荷するまで14日かかっていたものが、約81時間（3日と約9時間）でできるようになったのです。

内製化の象徴、フォード社の
リバー・ルージュ工場の配置図 (1926年9月)

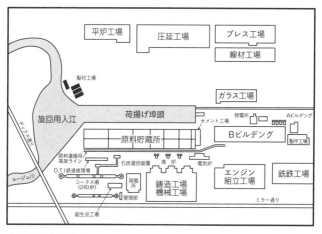

塩見治人『現代大量生産体制論』(1978年) p.234 表5-22

発電所も製鉄所もガラス工場も製材工場もあった
リバー・ルージュ工場は自動車メーカーである
フォード社の内製化の象徴でした。

```
10 hour ────17
business
administration

製品開発
```

▶ 01　デファクト・スタンダード

業界内の競争で
生まれた
「事実上の標準」

普及すればするほど便利になっていく

　たとえば電池や電球は、どこのメーカーのものでも規格さえ合っていれば使用できます。この場合は **JIS（日本工業規格）** という標準が定められているので、それに則っているのですね。このような公的な**標準化機関**が定めた標準を**デジュール・スタンダード**と呼びます。

　その一方で、かつての家庭用 VTR の VHS 規格のように、業界内で規格間の競争があり、ソニーの**ベータマックス規格**（1975年発売）と日本ビクター（現 JVC ケンウッド）の **VHS 規格**（1976年発売）が、他の企業を巻き込みながら熾烈な競争を展開し、1980年代に VHS 規格が事実上の標準、**デファクト・スタンダード**になった例もあります。

　業界標準が出現するのは、その標準を使うユーザー数が増えるほど、個々のユーザーが得られる便益が高まっていくという**ネットワーク外部性**が働いているからです。実際、VHS 規格が普及してくると、レンタル・ビデオ屋に並ぶビデオは VHS 規格のものばかりになり、録画したビデオの交換も VHS 規格でないと不便でした。

　このネットワーク外部性も働くので、日本の場合には、100万台売れたら、一気に普及すると経験則のように言われていますが、これを**クリティカル・マス**といいます。世帯普及率で2〜3％といったところでしょうか。

30秒でわかる! ポイント

家庭用ゲーム機(ハード)とゲーム・ソフトの関係

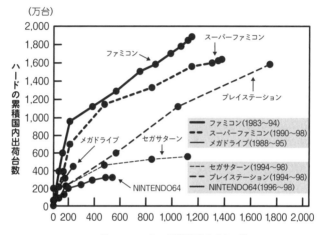

新宅純二郎「先端技術産業における競争戦略」
新宅純二郎・許斐義信・柴田高編『デファクト・スタンダードの本質』(2000年) p.89 図5-2

> 家庭用ゲーム機(ハード)の累積出荷台数とゲーム・ソフトの累積発売タイトル数との間には関係があります。家庭用VTRもそうでしたが、家庭用ゲーム機の場合も、ハードが普及してデファクト・スタンダードになれるかどうかは、補完財であるソフトの果たす役割が大きいのです。

10 hour	
business	**17**
administration	

製品開発

▶ 02　オープン規格

何をどこまで オープンに するのか

オープンにしすぎて失敗したIBM

　家庭用 VTR で VHS 規格がデファクト・スタンダードになった のには、もう1つ大きな理由があります。実は、日本ビクターはソ ニーと比べて市場地位が低かったので、VHS 規格を**オープン**にし たのです。具体的にいえば、他企業に規格の情報を無償で公開し、 普通なら門外不出の試作機まで、他社に無償で貸し出しました。他 社はこのことがあったので、VHS 規格の VTR を作るのが容易に なったのです。

　しかし、規格はオープンにすればいいというものでもありませ ん。たとえば今のウィンドウズパソコンは IBM-PC の系統に属し ますが、これはパソコン参入に出遅れた IBM が、パソコン市場に 参入する際、1981年に発表した規格です。IBM はこの規格情報を 積極的にオープンにしただけではなく、部品の調達までオープンに してしまいました。そのおかげで、部品を買い集めてくるだけで容 易に IBM-PC 互換機が作れるようになり、多くの IBM-PC 互換機 メーカーがパソコン市場に参入してきました。

　その結果、IBM-PC はデファクト・スタンダードになり、部品 調達のオープン化で、プロセッサを作るインテルや OS を作るマイ クロソフトは急成長しました。しかし、IBM 自体は結局、2004年 に PC 部門をレノボに売却して、PC 市場から撤退しました。

30秒でわかる！ポイント

オープン規格にしたVHS規格

**VHS方式の
ビデオ・テープ**
最長120分録画

186mm
104mm

**ベータマックス方式の
ビデオ・テープ**
最長60分録画

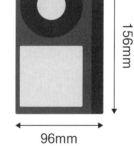

156mm
96mm

**ともに
厚みは25mm**

10 hour
business
administration
17

製品開発

▶ 03　情報粘着性

情報を移動するにはコストがかかる

問題解決は「情報を持つ場所」で行うのがよい

　製造現場と比べれば、製品開発は**問題解決**活動でしょう。では製造現場と離れた場所で製品開発をできるのでしょうか？　たとえば、自動車産業のように、組立メーカーと部品メーカーに分かれている場合です。実は、日本では、もともと部品の開発は、部品メーカーではなく、自動車メーカーの側で行われ、図面を部品メーカーに渡していました。つまり、**貸与図方式**だったわけですね。

　ところが部品の開発には、どうしても部品を製造する部品メーカー側の情報が必要です。図面のようなものは簡単に移転できますが、複雑だったり、製造ノウハウのような暗黙知だったりした場合には**情報粘着性**があるために、そう簡単に情報は移転しません。それを何度も移転して組立メーカー側で問題解決をするよりは、情報のある部品メーカー側に開発の場を移した方が効率的です。開発段階から製造しやすい設計にする**デザイン・フォー・マニュファクチャリング**もやりやすいですし。こうして、**承認図方式**にして、製造と開発を一括して部品メーカーに**アウトソーシング**するようになったわけです。

　もっとも、マサチューセッツ工科大学の**フォンヒッペル**は情報粘着性を**情報移転コスト**と定義したので、これではトートロジーです。後に**スズランスキー**は、情報移転の際の**イベントフルネス**（波乱度）で情報粘着性を測定しようと提案しました。

184

30秒でわかる！ ポイント

情報粘着性
情報移転には困難がともなう

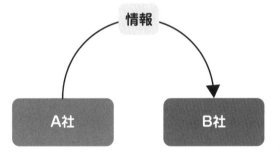

- 情報の複雑さ
- 暗黙知
  ↓
  情報粘着性が高いと
  情報移転は難しい

情報移転の困難さを「イベントフルネス」(波乱度)で測定しようという試みもあります。

17

製品開発

10 hour	**17**
business	
administration	

製品開発

▶ 04　コンカレント・エンジニアリング

複数の開発工程を
同時並行で進める

リード・タイムの短縮化につながる

　一般的に、製品開発は、いろいろな活動が順を追って逐次行われるものだと思われがちです。これを**シーケンシャル・エンジニアリング**ともいうのですが、『製品開発力』（クラーク＆藤本、1993年）によれば、日本の自動車メーカーの製品投入までにかかる**リードタイム**（コンセプトの創出から製品の市場導入までの所要時間）が、欧米のメーカーと比べるとずっと短く、それは製品開発活動がかなり同時並行して行われているからだということが分かりました。これを**コンカレント・エンジニアリング**といいます。

　さらに、シーケンシャル・エンジニアリングだと、たとえば、設計図面が完成してから、実際に工場での生産準備を始めると、作業がしにくかったり、新しい設備が必要になったりと製造が難しいことが判明し、結局、設計をやり直すというようなことが起こりえます。開発段階から製造しやすい設計にする**デザイン・フォー・マニュファクチャリング**を考えるのであれば、もっと早くから生産準備を始めて、設計者が設計をしている最中からやりとりをしておけばよかったわけですね。

　このように、起こりうる問題を、できるだけ早い段階から洗い出して、できるだけ早期に解決することを**フロント・ローディング**と呼びます。

30秒でわかる！ポイント

プロジェクト各段階別の平均的スケジュール

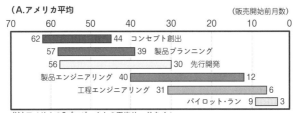
(注)アメリカの6プロジェクトの平均リードタイム

(注)ヨーロッパの11プロジェクトの平均リードタイム

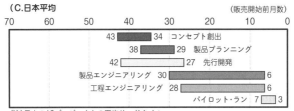
(注)日本の12プロジェクトの平均リードタイム

藤本隆宏＝K.B.クラーク(1993)『製品開発力』p.109 図4-3

> 上の表は製品開発プロセスの各段階ごとに、リードタイム(コンセプトの創出から製品の市場導入までの所要時間)の地域平均を表したものです。

10 hour business administration 17 製品開発

column

UNIX誕生

オープン・ソースで発展

いまやパソコン、サーバ、携帯機器の多くのOSはUNIX系です。UNIX は AT&T のベル研究所のトンプソンとリッチーによって開発されました。トンプソンは1969年に DEC 製の旧式のミニコン上でも動く軽い OS として UNIX を作り、リッチーの助けも借りて、1973年夏には、コードをCPU に依存しないC言語に書き換えます。アプリケーションを新しい OS に移植するよりも、UNIX を新しいマシンに移植する方が簡単。まさにコロンブスの卵です。

当時 AT&T は、アメリカの独禁法である反トラスト法に基づく1956年の同意審決で、公衆通信サービス以外の事業はいくつかの例外を除いて禁じられて、名目的な代価で誰にでもソフトウェアのライセンス供与しなければならないことも条項に入っていました。1973年冬から1974年秋にかけ、UNIX の申し込みが殺到すると、バグのサポートをしない代わりに、最初からC言語で書かれたソース・コードを一緒につけて大学や研究機関を中心に広く無償配布するようになり、何年かすると映画『スター・ウォーズ』の有名な台詞「フォースを使え、ルーク」をもじって "Use the source, Luke." と、マニュアルよりもソース・コードを見ろとまで言うようなります。こうして、期せずして UNIX は**オープン・ソース**となり、そのことで派生 OS を生み出しながら、急速に普及、発展していったのです。

オープン・ソースがもたらした
UNIXの初期の主要派生OS

年	AT&T	カリフォルニア大学 バークレー校	サン・マイクロ システムズ
1969	UNICS		
1971	UNIX 1st Ed.		
1975	UNIX 6th Ed./ Version 6		
1978	UNIX/32V	BSD 2BSD	
1979	UNIX Version 7	3BSD	
1980		4BSD	
1983	System V	4.2BSD←4.1cBSD→SunOS	
1984	System V Release 2		
1985	UNIX Version 8		SunOS 2.0
1986	System V Release 3	4.3BSD ──────→SunOS 3.0	
1988			SunOS 4.0
1989	System V Release 4 (サンと共同開発)		
1992			Solaris (SunOS 5.0)
1994		4.4BSD	

高橋伸夫・高松朋史(2002)「オープン・ソース戦略の誤解」
『赤門マネジメント・レビュー』1(4), pp.283-308.

10 hour	
business	**18**
administration	

イノベー
ション

▶ 01　生産性のジレンマ

効率性と柔軟性は
両立しない

どちらを追うべきか？

　20世紀初頭の1909年から1927年まで、アメリカのフォード社は**T型フォード**をモデル・チェンジなしに1500万台もT型専用の生産設備で効率的に生産して、アメリカのモータリゼーションを推し進めたといわれます。ところが、次のA型にモデル・チェンジする際には、工場は半年間閉鎖、操業の完全再開まで1年以上もかかりました。生産システムにおいては、効率性と柔軟性は両立しません。これが**生産性のジレンマ**です。

　アバナシーは『**生産性のジレンマ**』（1978年）で、製品イノベーションと工程イノベーションに分け、T型フォードのようなその時代の支配的製品デザイン、**ドミナント・デザイン**の出現により、イノベーションが**流動状態**から**特化状態**に移行するというモデルで説明しました。**生産システム**は、流動状態では柔軟だが非効率的、特化状態では硬直的だが効率的というわけです。

　ただ本当に硬直していたのは、生産システムよりも経営者ヘンリー・フォードの方だったようです。実際にはT型フォードはモデル・チェンジを繰り返していたのに、「大衆のための不変の自動車」という理念のために、そのことを口にしませんでした。T型の生産を停止したときでも、実は本当にT型が売れないのか様子を見ていて、A型の設計は全然できていなかったといわれています。

30秒でわかる！ポイント

A-Uモデル (Abernathy-Utterback model)

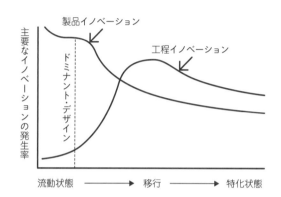

	流動状態	特化状態
(a)製品デザイン	急激に変化し、流動的	標準化され、変化は漸進的
(b)イノベーション	・製品イノベーションが中心 ・コスト低減よりも性能向上を強調 ・ユーザー・イノベーション	・工程イノベーションが中心 ・コストや生産性への累積的効果
(c)競争の争点	価格よりも性能で従来品と競争	価格競争
(d)生産システム	《柔軟だが非効率的》	《硬直的だが効率的》

W.J.アバナシー(1978)『生産性のジレンマ』p.72 図4.1

10 hour	
business	**18**
administration	

イノベー
ション

▶ 02　ユーザー・イノベーション

ユーザー自身が
開発を行う現象

実際に使う人ならではのイノベーションを生み出す

　ヘンリー・フォードは、まだガソリン・エンジンの自動車がほとんどなかったころに、自ら自動車を作って、自ら乗り回し、時にはレーサーとして自動車レースで活躍し……というような生活をしていました。このようにユーザー自身によって開発が行われる現象を**ユーザー・イノベーション**と呼びます。

　日頃、どこかのメーカーが作った製品をお店で買ってきては使うだけの普通の消費者からすると、ユーザー・イノベーションは珍しいような気がしますが、実は、先端分野では珍しいわけではありません。『イノベーションの源泉』（フォン・ヒッペル、1988年）は、イノベーションを商業生産に適用可能な状態にまで最初に推進した特定の個人または企業を**イノベーター**として定義すると、ガス・クロマトグラフ、核磁気共鳴分光器といった科学機器では、111のイノベーションの77%、半導体製造装置、プリント基板の組立装置といったエレクトロニクス製品の製造装置でも49のイノベーションの67%でユーザーがイノベーターだったそうです。

　こうしたアイデアをもたらすユーザーを**リード・ユーザー**とも呼びますが、実は、新製品をごく初期に使い始めた人は、リード・ユーザーとして貢献している可能性は十分にあります。

30秒でわかる! ポイント

ユーザー・イノベーション

イノベーション	誰がイノベーターか(%)			
	ユーザー	メーカー	サプライヤー	その他
科学機器	77	23	0	0
半導体及びPCボードの組立プロセス	67	21	0	12
パルトリュージョン・プロセス	90	10	0	0
トラクターシャベル	6	94	0	0
エンジニアリング・プラスチック	10	90	0	0
プラスチック添加剤	8	92	0	0
工業用ガスを利用したプロセス機器	42	17	33	8
サーモプラスチックを利用したプロセス機器	43	14	36	7
電線切断機	11	33	56	0

E.フォン・ヒッペル(1988)『イノベーションの源泉』p.4 表1-1

18

イノベーション

```
10 hour
business      18
administration

イノベー
ション
```

▶ 03　イノベーターのジレンマ

新興勢力が
既存勢力を
滅ぼす理由

オモチャが既存製品を駆逐する

　19世紀末、ヘンリー・フォードよりも前にドイツのベンツも自ら作ったガソリン自動車を乗り回していたわけですが、２人とも自叙伝で同じことを書いています。つまり、周囲の人間が彼らの自動車をオモチャだと馬鹿にしていたと言うのです。しかし、使われているうちに、そのオモチャがどんどん性能を向上させ、やがては既存の製品（＝馬車）を駆逐する存在となりました。

　これが20世紀末に『イノベーションのジレンマ』（クリステンセン、1997年）で**イノベーターのジレンマ**と呼ばれた現象です。たとえば、アメリカのハード・ディスク・ドライブ（HDD）業界では、14インチ→8インチ→5.25インチ→3.5インチと小さくなるたびに、リーダー企業が入れ替わってきたのです。リーダー企業は次世代規格の技術開発に成功していたのに、主要顧客はそれをオモチャ扱い。そんなことより従来品の高性能化と低価格化を求めたので、その通りにしたのに……。イノベーションもやり、市場の意向に従ったにもかかわらず。

　ただし、この現象は日本のHDD業界では起きませんでした。たぶん、一般化するのは難しいでしょうね。それにこの程度のイノベーションを「破壊的」と訳すのもねぇ。もともとは**技術的トラジェクトリ**が不連続で「破断」しているという意味だったし。

194

30秒でわかる! ポイント

要求水準(実線)より急向上していた性能(破線)

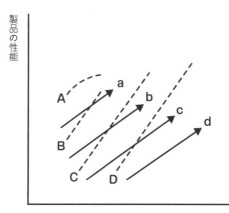

C.M.クリステンセン(1997)『イノベーションのジレンマ』p.16 図1.7を簡略化したもの

通常であれば、それまでの既存技術に対して連続なレベル、もしくは不連続であっても上方不連続に新技術の性能が比較的に向上していれば、市場はそれを受け入れるはずです。ところが、ディスク・ドライブ市場では、性能的には劣ったオモチャのような製品が、既存市場ではなく、別の大きな市場を獲得して売れてしまうのです。上図で、(A)14インチが(a)メインフレーム・コンピュータを市場としていたのに対して、(B)8インチは(b)ミニコンピュータの市場を、(C)5.25インチは(c)デスクトップPCの市場を、さらに(D)3.5インチは(d)ポータブルPCの市場をすぐに獲得して売れてしまいました。

10 hour	**18**
business	
administration	

イノベー
ション

▶ 04　技術の社会的構成

「有益」なだけでは、その技術は選ばれない

進歩の足かせにもなりうる特許

　ある製品デザインがなぜ選択されたのか？　一般的には、その有益さを理由にして説明するのが普通かもしれませんね。しかし、経営学の説明の仕方は、なんとも人間的だと思いませんか。

　実は社会学でも、**技術の社会的構成**（social construction of technology; **SCOT**）の研究では、それが有益とみなされるに至った社会的メカニズムで説明しようとします。具体的にいえば、SCOTでは、まず技術合理的な定説を取り上げて、それとは別の社会的な説明が可能であることを示そうとします。ネットワークを構成するアクターとして、社会的存在も物的存在も同列に扱って説明するアクター・ネットワーク理論というのも同様です。

　ただ、経営の現場では、当たり前のことです。安直に、物理的限界のせいで性能向上が鈍化して**S字曲線**になるのかと思っていたら、実は、**ライセンス契約**の契約内容が足かせになっていて、ライセンス契約が切れた途端、S字曲線だったはずの性能向上が爆発的に進んだケースも多々あります。有名なジェームス・ワットの蒸気機関も、ワットの特許期間25年間はほとんど効率が向上しなかったのに、特許が切れた次の25年間には効率が5倍になったとか。進歩の停滞は特許のせいだったのですね。

196

30秒でわかる! ポイント

技術決定論と技術の社会的構成

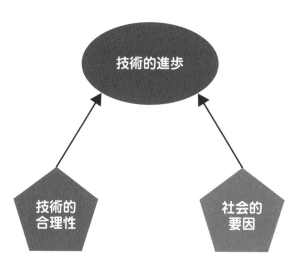

技術的合理性を重視した技術決定論でもなく、社会的要因を重視した社会的構成でもなく、技術と社会が同レベルで相互に影響しあいながら技術が進歩したように分析する社会技術的アンサンブルというアプローチもあります。

10 hour	
business	**18** イノベーション
administration	

column

技術的
トラジェクトリ

持続的か破断的か

　技術的トラジェクトリ（軌道）の概念を導入した1982年の**ドシ**の論文では、**トラジェクトリ持続的**な技術革新と**トラジェクトリ破断的**な技術革新を区別していました。そもそも技術的トラジェクトリとは、ある技術的パラダイム上での通常の進歩パターンなので、普通は連続なのです。技術Aはある程度成熟すると性能向上のスピードが落ちてくるので、新技術Bへと乗り換えられていきます。同様に技術Bから技術Cへ、技術Cから技術Dへと次々と技術は乗り換えられていきます。そのため、連続した技術的トラジェクトリが出現することになるのです。これがトラジェクトリ持続的な技術革新です。それに対して、不連続でラディカルな技術革新による異常なブレークスルーとして、上方不連続でよい意味での技術的飛躍も想定していました。

　しかし、**クリステンセン**が見出したのは、逆の下方不連続、つまり、それまでの技術的トラジェクトリが途切れ、そこから明らかに劣った性能的には下の技術へと落ちる技術的トラジェクトリでした。HDDでいえば、①14インチ→②8インチ→③5.25インチ→④3.5インチという技術的変化の際に、性能的に劣ったオモチャのような製品が、まだ成熟する前に既存市場ではなく、別の市場で売れてしまったために、製品の性能をHDDの記録容量で測れば、明らかに下方にトラジェクトリが破断していったのです。

2つの技術革新

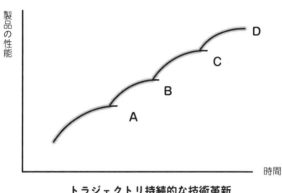

トラジェクトリ持続的な技術革新

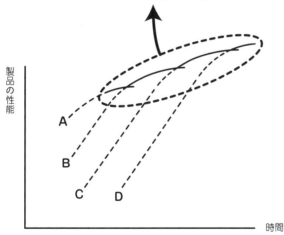

技術的トラジェクトリの破断(下方不連続)

高橋伸夫、新宅純二郎、大川洋史(2007)
「技術的トラジェクトリの破断」『赤門マネジメント・レビュー』6(7),267-274 図1.図2

10 hour	
business	**19**
administration	

**組織の
イノベー
ション**

▶ 01 プロフェッショナル

専門知識と能力で
イノベーションを
起こす？

プロフェッショナルの危機も

　初期の**コンティンジェンシー理論**では、「官僚制」対「革新」の
ような安直な対峙をさせていました。しかし、たとえば、まだ海の
ものとも山のものともつかないような新しいアイデアに対して、カ
リスマ経営者が「よし、商品化しよう」と一言言ってくれれば、**官
僚制組織**は一体となって効率的に動いて、一気に革新が進むことは
明らかです。そんな事例はいくらでもありますよね。その場合は、
むしろ官僚制の方が、新しいアイデアの実行にとっては都合がいい
わけです。

　とはいえ、上意下達の権限構造で管理される官僚制組織に対し
て、専門知識と能力によって統制される**プロフェッショナル**が存在
すれば、官僚制組織におけるイノベーションの障害を変えてくれる
と期待されてきたのも事実です。ただし過剰な期待は禁物ですよ。

　もともとプロフェッショナルとは医者や弁護士を指していました。
アボットは1981年の論文で、プロ集団内で、①診断：問題の分類、
②推論：診断の理由づけと治療の方向性や範囲の設定、③治療：問
題解決のためのアクション、の中で、現場に近い①③よりも遠い②
に当たる人のステータスが高く、より高いステータスを求める競争
の結果、プロフェッショナルがどんどん現場から乖離していくと**プ
ロフェッショナルの危機**を唱えたくらいです。

30秒でわかる! ポイント

プロ集団内の役割分化

①診断

・問題の分類

②推論

・診断の理由づけ
・治療の方向性や範囲の設定

③治療

・問題解決のためのアクション

19

組織のイノベーション

10 hour	
business	**19**
administration	

組織の
イノベー
ション

▶ 02　組織アイデンティティ

この組織は
どのような存在か

組織は多重アイデンティティ

　そもそも組織は変わることができるのです。自分たちらしさ、組織アイデンティティ自体も変えられるのです。

　従来は、個人のアイデンティティのイメージを組織にもそのまま当てはめ、組織アイデンティティも同様に、①1つの組織にはただ1つ、②他の組織と比べてユニーク、③時を経ても変わらない、という暗黙の基準を満たすものだと思われてきました。

　ところが1985年に、**アルバート**と**ウェッテン**の画期的な論文が登場します。この論文では、**組織アイデンティティ**は、①宣言されていれば、1つでなくて複数存在してもいい、②他者と比較可能で自己分類できれば、ユニークでなくてもいい、③連続的であれば、時が経つにつれて変化してもいい、とアイデンティティ概念を大幅に拡張したのです。多数の人間からなる組織ですからね。

　たとえば、2つのアイデンティティをもつ組織が、一方から他方へとアイデンティティに連続的に変化させて……というのもありなわけです。組織アイデンティティが変化していくというわけです。おかげで、組織アイデンティティに関する実証的な研究が一気に展開していくことになるのですが、革新的すぎたのか、この論文を引用する研究の多くが、いまだに**個人アイデンティティ**のイメージから脱し切れていないのは、なんとも残念です。

202

30秒でわかる! ポイント

組織アイデンティティ

	時期1	時期2	時期3	時期4	時期5
技術的専門知識を もったプロ		●		●	
倫理性、利他主義、 公共サービスの倫理			●		
質へのコミットメント	●	●		●	
地域の福祉への コミットメント					
従業員の忠誠心/ 従業員は家族			●		
やればできる精神				●	

ダットンとデュケリッチが調べた港湾公社では、少なくとも6つのアイデンティティが抽出できましたが、多くは一部の人のみが共有していました。時期によって、異なるアイデンティティが姿を現し、解釈、感情、行為を呼び起こしていることが分かったのです。要するに、多数の人間が構成する組織は、多重人格者のようなものであり、時期によって異なる人格が姿を現し、それがその時の組織を支配しています。そのようなアイデンティティの交代がなぜ起こるのか? おそらくは、トップ・マネジメントの交代や担当者の更迭等の組織的な原因があったと思われます。

19

組織のイノベーション

10 hour	
business	**19**
administration	

▶ 03　動的能力

組織の
イノベー
ション

変化に対応して
競争優位を築く
能力

いつまでもモヤモヤしている動的能力概念

　動的能力みたいに、いつまでもモヤモヤしている概念は、経営学でも珍しいですね。最初の**ティース**たちの論文はなかなか出版されず、原稿のまま引用されて有名になりました。結局、1997年に出版された論文では、環境変化に適応するために自らの資産の新結合を生み出す能力を**動的能力**と呼んだと理解されています。ただ、動的能力そのものに関する明示的な定義・議論はありませんでした。

　それ以降、**資源ベース理論**の研究者が大量に参入し、とりあえず「変化（動的）」「競争優位」「能力」というキーワードを入れて、「動的能力に関係している」と書くことが広く行われるようになりました。もう無茶苦茶です。

　2011年になって、**ヘルファット**と**ウィンター**は、業務能力、動的能力に加えて、両者に共通する能力も存在することが混乱の原因だと考えます。業務能力を除いた純粋な動的能力だけを考えることにし、それが観察される例として、ウォルマート、スターバックス、マリオット（ホテル）のチェーン展開や、新しい油田・ガス田の開発を例として挙げたのです。このように純粋な動的能力が企業成長に必要な純粋な能力であるとすると、その主要部分は、かつて**ペンローズ**が『**会社成長の理論**』（1959年）で考えた「規模の経済性とは異なる成長の経済性」をもたらす能力と同じである可能性が高いですね。

30秒でわかる！ポイント

ダイナミック・ケイパビリティ
(動的能力)

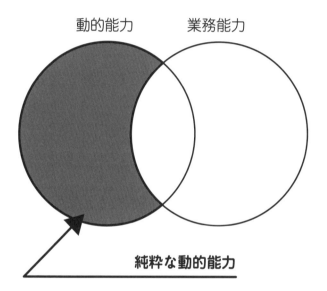

Kikuchi,H., & Iwao,S.(2016). Pure dynamic capabilities to accomplish economies of growth. *Annals of Business Administrative Science*,15(3), 139-148. Figure 1.

> いわゆる動的能力には、日常業務に必要な業務能力でもあるものも多く含まれるために、概念的にモヤモヤした感じになります。

10 hour	
business	**19**
administration	

**組織の
イノベー
ション**

▶ 04　同型化のメカニズム

競争ではせっかくの
イノベーションが
つぶされることも

人が新しいことを拒絶するメカニズム

　環境や周囲が大きく変わるとき、人は**殻**に閉じこもろうとします。それを**自己概念**や**自己アイデンティティ**を用いて擁護することもできます。たとえば、自動車ディーラーの経営者がプロセス重視を宣言して、いろいろな仕組みの導入を図ったとしても、「結果がすべて」の営業の世界で個人業績を挙げてきた現場の営業スタッフたちにとっては、自己概念、自己アイデンティティを脅かすような仕組みなので、結局は拒絶されてうまくいかないことがあります。

　そうなのです。放っておけば、どんなによいイノベーションも**自然淘汰**されて生き残れないことも多いのです。**ディマージオ**と**パウエル**は1983年の論文で、**同型化**のメカニズムとしての同型的組織変化の源泉を挙げています。同型化は、①**競争的同型化**と、②**制度的同型化**の2つに大別されますが、実は、①競争では、優れた形質で同型化が進まないこともあるのです。経営者が②**人為選択**しないと、よいイノベーションは生き残れないかもしれない。

　植物の世界でも、たとえば、野生のバナナの実には種があったのに、今われわれが食べるバナナには種がありません。もし自然淘汰であれば、種のないバナナなど、すぐに途絶えたはずです。ところが、突然変異でできた種なしバナナを、人間が、根の脇から出てくる新芽を利用して株分けして増やしていったのです。

206

30秒でわかる！ ポイント

同型化のメカニズム

同型化の種類		メカニズム＝同型的組織変化の源泉
①競争的同型化		環境の淘汰圧力のようなメカニズム。
②制度的同型化	強制的同型化	依存している組織からの圧力、社会の中での文化的期待、たとえば、法的な規制。
	模倣的同型化	組織はより正統的あるいは、より成功していると認識している類似の組織を後追いしてモデル化する。不確実性は模倣を助長する。
	規範的同型化	主に職業的専門化に起因するもので、大学の専門家による公式の教育と正統化、職業的ネットワークの成長と洗練が重要。人員の選別も重要なメカニズム。

髙橋伸夫(2010)『ダメになる会社』p.128: 表4

19

組織のイノベーション

column

10 hour
business ─ **19** 組織のイノベーション
administration

鉄の檻

世紀の誤訳!?

　ディマージオと**パウエル**が1983年に書いた組織の同型化について論じた論文のタイトルは「鉄の檻再訪」でした。キーワードの「**鉄の檻**」は、実は有名なマックス・ウェーバーの『プロテスタンティズムの倫理と資本主義の精神』（1920年）に由来します。

　日本でも1970年代には、「鉄の檻」はウェーバーによる官僚制の比喩として使われていました。そして《鉄の檻＝官僚制》というイメージを前提にして、官僚制批判の出発点としたり、ウェーバー批判のシンボルとしたりすることが行なわれてきたのです。たとえば、「鉄の檻」（官僚制）によって現代人を無気力な歯車と化す……みたいな説明の仕方です。

　ところが、「鉄の檻」の英訳語アイアン・ケイジは、1930年のパーソンズによる英訳に由来するもので、誤訳だったのではないかといわれています。ウェーバーが使っていたドイツ語の原語はゲホイゼであり、辞書を見ても「カタツムリの殻」という意味で、「檻」などという意味はありません。英語圏の研究者の間でも、いまやアイアン・ケイジは訳語として批判的に扱われ、「お荷物ではあるが、それなくしては生きることが不可能なもの」という両義的な意味で、鉄の檻よりも「**殻**」つまりシェルと訳されることも多いようです。

鉄の檻か カタツムリの殻か

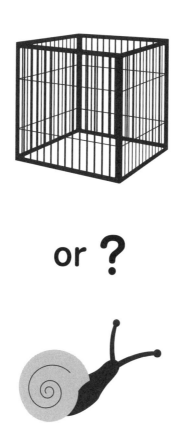

19 組織のイノベーション

10 hour	**20**
business	
administration	

イノベー
ション
の普及

▶ 01 ゲートキーパー

コミュニケーションのカギとなる「スター的存在」

組織の内外をつなぐ役割

ゲートキーパーは門番のことです。**アレン**は『技術の流れ管理法』（1977年）の中で、コミュニケーション・パターンが研究開発パフォーマンスに与える影響を調べました。すると、どの研究開発組織にも、コミュニケーションのカギとなるスター的な人間がいることが分かったのです。彼らは一般の技術者よりも技術専門誌の読書量が圧倒的に多く、外部情報との接触頻度が多かったのです。このコミュニケーション・スターこそがゲートキーパーというわけです。

実は、各研究開発組織には、その組織固有の文化、考え方、用語があり、それらの違いが**セマンティック・ノイズ**（意味上の雑音）となり、外部とのコミュニケーションを阻害していたのです。ですから、組織内部と組織外部とのコミュニケーションの文字通り門番として機能していたのが、このゲートキーパーだったのです。

つまり、ゲートキーパーは、組織内の誰とでも何らかの形で接触しているスター的な存在であるとともに、組織外部との接触もきわめて多い人間だったわけですね。アレンは、ゲートキーパーの特徴として、①高度の技術者、②大半は第一線の管理者、③技術系の経営者なら、ちょっと気をつければ正確に見分けられるとしています。ただ、ゲートキーパーとパフォーマンスの関係はよく分かっていません。

30秒でわかる！ポイント

ゲートキーパーのネットワークの機能

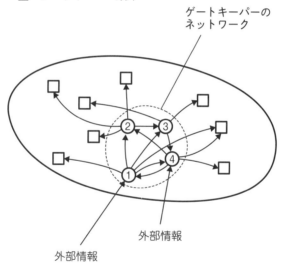

T.J.アレン(1977)『技術の流れ管理法』p.162 図6.14

```
10 hour
business      20
administration
```
イノベー
ション
の普及

▶ 02　普及理論

「新しいもの好き」 をどう活かすかが 普及のカギ

日本では身近な普及の仕方

　新しい製品やサービスは、どのようにして社会に普及していくの でしょうか？　『イノベーション普及学』（ロジャーズ、1962年）は、 最初の2.5%を**革新的採用者**、次の13.5%を初期採用者、その次の 34%を初期多数採用者……というように分類しています。もし革 新的採用者であれば、ある意味、実験台になることを自ら申し出た 人々なわけで、感想であれクレームであれ、製品やサービスの改善 につながる可能性が十分にあります。もちろん、これから採用しよ うかどうか迷っている人にも影響を与えるわけですね。

　ただし、**クリティカル・マス**でも登場する、この2.5%という数 字は、いわゆる正規分布を仮定したもので、そのこと自体にあまり 根拠はありません。実際、音楽CD、特にヒットチャートの上位に 行くような音楽CDの売上は、最初の週にピークがあるのが普通 です。要するに、まったく正規分布ではないわけですね。

　ロジャーズの普及理論が妥当するような世界は、最初はジワジワ と広がり、その中からマニアックな支持者が、**リード・ユーザー**と なって……というような世界でしょうか。日本のようなオタク文化 の国にとっては、意外と身近な普及の仕方かもしれません。しかし、 問題は技術者がリード・ユーザーの提案を受け入れるかどうか。

30秒でわかる! ポイント

イノベーション採用の相対的時点に基づく採用者のカテゴリー化(正規分布を使っている)

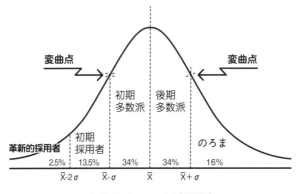

イノベーションの採用時点

E.M.ロジャーズ『イノベーションの普及』(1962年) p.162 図6-1
(注)初期採用者(early adopters)は"early majority"とミスプリされていた。

10 hour business administration 20

イノベーションの普及

▶ 03　NIH症候群

なんでも自前で やりたがる人たち

イノベーションの妨げになる感情論

　企業で研究開発に従事している技術者にとっては、社外のマニアやオタクの存在は目障りなだけかもしれませんね。かつて DEC というコンピュータ会社がアメリカにありました。1970年代、そこのミニコンピュータは UNIX を搭載できることで人気がありました。マニア（主に大学の研究者たち）は DEC の自前の OS を削除して、代わりに UNIX を載せて、ソフトの開発に、教育にと大活躍させていたのです。

　しかし、当時の DEC の技術者たちは、それを快く思わず、UNIX のサポートを拒否し続けていたのです。マニアが勝手に作ってくれていた UNIX 用ソフトを取り入れて活かさないなんて、もったいない話ですよね。これでは**ユーザー・イノベーション**は起こりません。

　こういうのを**自前主義**といいます。**NIH**（not invented here）**症候群**という言い方もします。自分たちで開発したものでなければ、使いたくないという心の狭いお話です。ただし、NIH 症候群で有名なカッツとアレンの論文では、通常の NIH 症候群とは異なり、在職年数の長期化によってプロジェクト・パフォーマンスが低下する現象を NIH 症候群と呼んでいます。みんなあまり読まないらしく、世界中の研究者が誤解して引用していますが。まあ、内容自体もかなり問題のある論文なので。

30秒でわかる！ポイント

自前主義

社外の技術

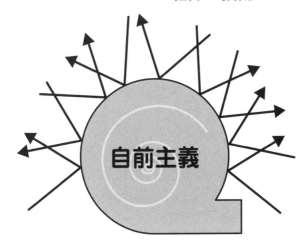

自前主義という殻にとじこもることで、社外に存在する新しい技術を取り入れない、つまりイノベーションの妨げとなるのです。

10 hour
business **20**
administration

イノベー
ション
の普及

▶ 04　オープン・イノベーション

企業内外の
アイデアを
活かす

アメリカで成長した企業の考え方

　NIH症候群とは対極の研究開発プロセスのお話が**オープン・イ
ノベーション**です。『オープン・イノベーション』（チェスブロウ、
2003年）では、企業内部・外部のアイデアを結合して、新たな価
値を創造することがオープン・イノベーションだとされています。
しかも、その出口も多様で、元の会社を飛び出したり、他の会社に
ライセンシングしたり、何でもありなのです。実は、アメリカの
HDD業界でリーダー企業に取って代わってきたのは、こうしたス
ピンオフ企業でした。

　ただし、こうした研究開発のあり方は、基本的に研究開発の**タダ
乗り**を許容しなくてはいけません。優秀な研究者や技術者が、自由
に大学や企業を渡り歩いて研究が続けられるかと問われれば、かな
り無理があります。

　現実には、中核の技術者が企業間を移動する場合には、最新の機
密情報が漏れると困るので、半年とか1年とか時間を空けるのが普
通です。企業内であっても、ソフトウェアの技術者が、**ソース・コー
ド**を公開してしまう**オープン・ソース**の開発部署に人事異動する場
合には、覚えていたソース・コードが混じると、法的に大変なこと
になるので、忘却期間として半年程度は空けさせるのが常識でしょ
う。しかしそれでも、オープンにすべきなのだというのが主張なの
でしょう。

30秒でわかる！ポイント

クローズド・イノベーション（従来）

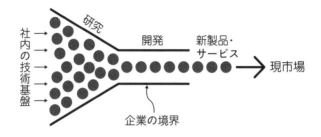

オープン・イノベーション

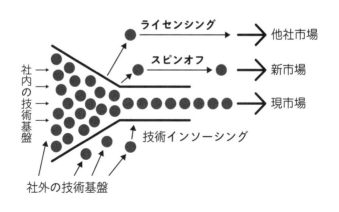

H.W.チェスブロウ他編(2006)『オープン・イノベーション』p.3 図1.1、図1.2

20 イノベーションの普及

10 hour business administration — 20 イノベーションの普及

column

殻

コア能力とコア硬直性

　マックス・ウェーバーによれば、中世のヨーロッパで、世俗を離れ、修道院にこもって神に仕える世俗外的禁欲の倫理なるものが生まれました。そこに宗教改革が起きて、世俗から切り離された修道院の生活が特別に聖意にかなうのではなく、むしろ世俗そのもののただ中における聖潔な職業生活こそが聖意にかなう大切な営み、天職であると考えられるようになります。

　最初、信仰心から一生懸命に働いていた人々がいたために、それを前提とした**資本主義社会**が成立しましたが、いったん成立してしまうと、今度は**天職義務**の行動様式という**殻**にしがみついてカタツムリのように身を守り、信仰心なしに資本主義社会の中を生きていくわけです。

　ハーバード・ビジネススクールのレオナードバートンは、表の**コア能力**（殻）にしがみつくと、裏では**コア硬直性**が発生すると指摘します。たとえば、ハードが売りのコンピュータ・メーカーがソフトを軽視するのは、確かに硬直していますが、優秀なハードで売上も利益も伸びているようなときは、その硬直性がプラスに働いています。しかしソフトで勝負する時代が来たとき、ハードという殻にしがみついている硬直性が問題になるのです。**NIH症候群**も同じこと。組織の**個体群生態学**で、**構造的慣性**の高い組織が生き残るという主張（しかし、やがて適応できずに淘汰される）も同様です。

コア硬直性とは？

「これこそ自分たちのコア能力だ！」と護符のごとくコア能力にしがみつくこと自体が、硬直性そのものです。つまり、良い面／悪い面ではなく、あくまでもオモテ面／ウラ面の関係で、コア能力という認識のウラには硬直性が常につきまといます。そのコア能力が競争優位をもたらしているときには、硬直性はむしろ望ましい慣性でしょう。しかし、コア能力が競争優位をもたらさなくなった途端、硬直性が問題になるのです。

高橋伸夫(2013)『殻』p.18

おわりに

　本書を読み終えた読者は、どこか自虐的な雰囲気がただよることに気が付いたはずです。

　自虐的に感じるのは、経営学の理論やモデルが、常にビジネスの世界やデータで検証され、修正されたり、否定されたりしていることを正直に紹介しているからです。しかし、そこにこそ進歩の芽があり、正しい理論やモデルの生まれる可能性があります。いち経営学者として、「今では科学的に否定されています」と書けることは、誇りに思いこそすれ、恥ずかしいこととは決して思いません。経営学はサイエンスなのです。それが大学の経営学です。

　だからこそ、より信頼できるモデルへと日々更新され、近づいていける。私がこの本で一番強調したかったのは、その点かもしれません。会社だって同じでしょう。不幸にして失敗してしまったとき、その失敗を隠してしまったら、そこからは何も生まれません。それを自虐ネタの教材にできるくらいの心の余裕がなければ、失敗は生きてこないのです。

　それとは対照的に、最新と称する学説を自信満々に語り、合わないデータが出てくると「現実が間違っている」などと開き直り、「理論的に正しい選択」をできるように愚かな大衆を指導するべきだなどと主張する偉そうな人間（本当にたくさんいます）の言うことを信じてはいけません。そもそもその段階で、その学説は間違っているわけですから。一歩引いて、落ち着いて考える心の余裕が必要です。

最新学説を機関銃のように打ちまくったセミナー会場から、食傷気味に出てきたおじさんたちが、顔を見合わせて「そうは言ってもねぇ」といって、一緒に楽しそうにビールを飲みに行ってしまうあの雰囲気、私は大好きです。人間も会社も、そのくらいの心の余裕がないと、正しいものを見極めることはできません。

2016年9月

高橋伸夫

→ 著者プロフィール

高橋伸夫（たかはし・のぶお）

1957年北海道生まれ。1980年、小樽商科大学商学部を卒業。1984年、筑波大学大学院社会工学研究科単位取得。学術博士（筑波大学）。現在、東京大学大学院経済学研究科・経済学部教授。

最近の研究テーマは「日本企業の意思決定原理」「日本企業の人事・人材育成システム」「知的財産権などを軸としたライセンス・ビジネス」など。

おもな著書に『できる社員は「やり過ごす」』（日経ビジネス人文庫）、『組織力』（ちくま新書）、『経営学で考える』（有斐閣）などがある。

編集協力	前田浩弥
本文デザイン	二ノ宮匡
図版作成	ISSHIKI

大学4年間の経営学が10時間でざっと学べる （検印省略）

2016年9月16日　第 1 刷発行
2017年9月15日　第 10 刷発行

著　者　高橋　伸夫（たかはし　のぶお）
発行者　川金　正法

発　行　株式会社KADOKAWA
　　　　〒102-8177　東京都千代田区富士見2-13-3
　　　　0570-002-301（カスタマーサポート・ナビダイヤル）
　　　　受付時間 9：00〜17：00（土日 祝日 年末年始を除く）
　　　　http://www.kadokawa.co.jp/

落丁・乱丁本はご面倒でも、下記KADOKAWA読者係にお送りください。
送料は小社負担でお取り替えいたします。
古書店で購入したものについては、お取り替えできません。
電話049-259-1100（9：00〜17：00／土日、祝日、年末年始を除く）
〒354-0041　埼玉県入間郡三芳町藤久保550-1

DTP／ISSHIKI　印刷・製本／図書印刷

ⓒ2016 Nobuo Takahashi,Printed in Japan.
ISBN978-4-04-601765-9　C0034

本書の無断複製（コピー、スキャン、デジタル化等）並びに無断複製物の譲渡及び配信は、
著作権法上での例外を除き禁じられています。また、本書を代行業者などの第三者に依頼して
複製する行為は、たとえ個人や家庭内での利用であっても一切認められておりません。